Juegos y actividades en la clase de ELE

Baltasar Pena Abal

Equipo editorial

Dirección editorial: enClave-ELE
Edición: Paula Queraltó
Corrección: Pepe Muñoz
Diseño y puesta en página: Eugenia Pannaria y TheRoomSocial.com
Cubierta: ATyPE, S. L.
Fotografía: Shutterstock.com

© enClave-ELE 2013

ISBN: 978-84-15299-04-2

Depósito legal: M-9079-2013

Impreso en España por Impulso Global Solutions

Printed in Spain

Cualquier forma de reproducción, distribución, comunicación pública o transformación de esta obra sólo puede ser realizada con la autorización de sus titulares, salvo excepción prevista por la ley. Diríjase a CEDRO (Centro Español de Derechos Reprográficos, www.cedro.org) si necesita fotocopiar o escanear algún fragmento de esta obra.

Introducción

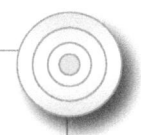

Juegos y actividades en la clase de ELE ha sido concebido como un material que complementa y refuerza los manuales de ELE que utilizamos en clase.

Su carácter lúdico lo convierte en una obra ideal para trabajar con todo tipo de alumnos. Las actividades están organizadas por niveles, siguiendo los parámetros estipulados en el *Plan Curricular del Instituto Cervantes*, basado, a su vez, en el *Marco Común Europeo de Referencia para las lenguas*. La primera actividad que abre cada nivel suele ser una actividad bisagra, es decir, una actividad cuyo contenido sirve de repaso o puente de un nivel a otro. Además, cada una de las actividades que componen los niveles citados viene acompañada de su correspondiente ficha explicativa, por lo que el profesor cuenta con toda la ayuda necesaria para la correcta realización de las actividades.

La realización de las actividades conlleva la puesta en marcha de varias actividades comunicativas de la lengua: comprender, escribir, hablar e interactuar, lo que contribuye a que nuestros alumnos alcancen la competencia comunicativa adecuada en cada nivel (A1, A2, B1, B2, C1, C2). Al mismo tiempo, el amplio abanico de temas abordados favorece también la adquisición de la competencia intercultural, lo que promueve el acercamiento a otras realidades y contextos socioculturales permitiendo al alumno una comprensión más profunda y justa de su propia identidad social y cultural. Nos referimos a actividades en las que los alumnos hablan e intercambian información sobre sus experiencias vitales con sus compañeros, algo que siempre enriquece el proceso de aprendizaje.

En cuanto a los aspectos que se pueden trabajar en las actividades que componen este libro, hemos decidido tener en cuenta la clasificación que presenta Didactired, que ha sido y sigue siendo una herramienta muy útil en la vida profesional de todos los profesores de ELE. En concreto, algunos de los aspectos que se trabajan son las funciones (hablar de gustos y preferencias, expresar probabilidad, expresar incredulidad, alegría, pena, molestia, alivio...), nociones, tipos de texto y género (textos y géneros escritos: instrucciones), gramática (contraste entre tiempos verbales, pronombres objeto), léxico y semántica (los meses y las estaciones del año, el carácter, expresiones idiomáticas), etc.

Esperamos que este libro os sirva para seguir desempeñando vuestra labor en el aula de forma más eficaz y completa.

EL AUTOR

Índice

NIVEL	ACTIVIDAD	CONTENIDOS
A1	¡Agua! ¡Tocado! ¡Hundido!	Presente de indicativo de los verbos regulares
A1	Sopa de letras: el carácter	Léxico relacionado con el carácter
A1	Dominó: el presente	Presente de indicativo y verbos reflexivos
A1	Días de fiesta	Los meses y las estaciones del año
A1	Mis gustos y preferencias	Verbos que expresan gustos y preferencias
A1	Practico el presente de indicativo	Presente de indicativo de verbos regulares e irregulares y los posesivos
A1	Sitges	Léxico relacionado con las vacaciones
A1	Los hábitos del turista	Léxico relacionado con el turismo y los gustos
A2	¿Vemos o vimos?	Uso del presente y del pretérito indefinido en primera personal del plural
A2	Conozco tu pasado	Uso del pretérito indefinido y del pretérito perfecto para hablar de acciones pasadas
A2	Criptograma: la ropa	La ropa
A2	Crucigrama: el gerundio	Formación del gerundio
A2	Dominó: los pasados	Pretérito indefinido y pretérito perfecto
A2	Mamá, ¿te ayudo?	Pretérito imperfecto, léxico relacionado con las tareas domésticas y pronombres de objeto directo y objeto indirecto
A2	Nos vamos a Valencia	Imperativo afirmativo en segunda personal del singular y léxico relacionado con el turismo
B1	Problemas de salud al usar el ordenador	Imperativo afirmativo y negativo en tercera persona del singular
B1	Crucigrama: los pronombres	Pronombres de objeto directo y objeto indirecto

AGRUPAMIENTO	DURACIÓN	PÁGINA
Individual y en parejas	30 minutos	8
Individual o en parejas	30 minutos	10
En dos grupos o grupos de cuatro como máximo	20 minutos	12
Individual o en parejas	30 minutos	14
Individual o en parejas	30 minutos	16
Individual	30 minutos	20
Individual y en parejas	20 minutos	24
Individual y en parejas o en gupos de tres o cuatro	30 minutos	26
En grupos de tres o cuatro	15 minutos	28
Individual y en parejas	30 minutos	30
Individual	30 minutos	32
Individual y en parejas	25 minutos	34
En dos grupo o grupos de cuatro como máximo	20 minutos	38
Individual y en parejas	30 minutos	40
Individual o en parejas	25 minutos	44
Individual y en parejas o en grupos de tres	30 minutos	48
Individual	30 minutos	52

NIVEL	ACTIVIDAD	CONTENIDOS
B1	El esclavo perfecto	Futuro de indicativo y presente de subjuntivo
B1	Elige la continuación	Pronombres de objeto y pronombres reflexivos
B1	Recuerdos del colegio	Pretérito imperfecto y pretérito indefinido
B1	Mis pequeñas venganzas	Pretérito indefinido, pertérito imperfecto y pretérito pluscuamperfecto
B1	Sopa de letras: indicativo y subjuntivo	Presente, pretérito perfecto, pretérito imperfecto de indicativo y presente de subjuntivo con marcadores temporales
B2	Cada cosa en su lugar	Duplicación de los pronombres de objeto directo
B2	Cuéntame qué te pasó	Uso del estilo indirecto para dar consejos
B2	Criptograma: las actividades de aventura	Léxico relacionado con las actividades de aventura
B2	Crucigrama: los plurales	La formación del plural
B2	Hábitos que valen un mundo	Consejos para respetar el medio ambiente
B2	Revisión imperfecta	Pretérito imperfecto de subjuntivo
C1	Crucigrama: indicativo y subjuntivo	Tiempos verbales del indicativo y del subjuntivo
C1	A flor de piel	Formas de expresar incredulidad, alegría, pena, molestia y alivio
C1	El arte de la conjetura	Formas de expresar probabilidad
C1	En la barra del bar	Pronombres de objeto y relativos
C1	No seas animal	Expresiones idiomáticas con nombres de animales
C1	Pase lo que pase, pasará	Usos del verbo *pasar* con pronombre
C2	Que te vaya bonito	La metábasis del adjetivo
C2	Crucigrama: el cajón de sastre	Expresiones idiomáticas, superlativo irregular y usos del indicativo y del subjuntivo
C2	Esta es la mía	Expresiones con pronombres posesivos
C2	Mano a mano	Expresiones idiomáticas en español
C2	Economía y finanzas	Léxico relacionado con la economía y las finanzas
C2	O firmaba la baja o no había contrato	Léxico relacionado con el trabajo y el derecho

AGRUPAMIENTO	DURACIÓN	PÁGINA
Individual y en parejas	30 minutos	54
Individual	30 minutos	56
Individual y en grupo	30 minutos	60
Individual y en grupo	45 minutos	62
Individual	40 minutos	66
Individual	30 minutos	70
Individual y en grupo	30 minutos	74
Individual	30 minutos	78
Individual	20 minutos	80
Individual y en parejas	45 minutos	84
Individual	40 minutos	86
Individual	20 minutos	90
Individual	30 minutos	92
Individual	45 minutos	94
Individual	30 minutos	98
Individual o en parejas	45 minutos	102
Individual	60 minutos	106
Individual	30 minutos	110
Individual	25 minutos	112
Individual	45 minutos	114
En grupos de tres o cuatro	Variable	118
Individual	25 minutos	120
Individual	40 minutos	122

A1 ¡Agua! ¡Tocado! ¡Hundido!

- **Contenidos para trabajar:** presente de indicativo de los verbos regulares
- **Nivel:** A1
- **Destinatarios:** jóvenes y adultos
- **Tipo de agrupamiento en clase:** individual y en parejas
- **Tiempo de preparación:** ninguno
- **Recursos:** fotocopias de la actividad
- **Duración de la actividad en clase:** 30 minutos

- **Descripción y procedimiento**

Para empezar a jugar, cada pareja tiene dos tablas. En la primera de ellas debe colocar sus barcos siguiendo las instrucciones. En la fila superior de estas tablas ya hemos incluido los verbos regulares con los que nuestros alumnos van a trabajar. En la columna de la izquierda aparecen los pronombres personales *(yo, tú, él/ella/usted, nosotros/nosotras, vosotros/vosotras, ellos/ellas/ustedes)*.

El objetivo del juego es descubrir la localización de los barcos del compañero antes de que este descubra los nuestros. Para ello, cada alumno debe pronunciar en voz alta la forma de uno de los verbos de la tabla en presente de indicativo con el sujeto que él decida. Por ejemplo: *Tú manejas* o *Vosotros escribís*, a lo que el compañero debe reaccionar diciendo *tocado* (por cada verbo descubierto), *agua* (si no ha descubierto nada) o *hundido* (cuando ha descubierto el último verbo).

- **Comentarios**

Si los alumnos han tenido poco contacto con las formas del presente de indicativo de los verbos regulares, podemos invitarlos a que, al final, escriban las formas de cada verbo en la casilla correspondiente de sus tablas para facilitarles la puesta en práctica de la actividad.

comienza el juego

1. Lee las siguientes instrucciones.

   - En parejas, cada estudiante elige una tabla.
   - Escribe un verbo en presente en cada columna.
   - Tienes que descubrir los verbos que tu compañero tiene en su tabla.
   - Di en voz alta los verbos que crees que tu compañero tiene en su tabla.

   Por ejemplo:

   ▲ *Tú hablas.*

   ■ *Agua.*

a.

	Cantar	Vivir	Beber	Andar	Escribir	Comer
Yo						
Tú						
Él, Ella, Usted						
Nosotros/-as						
Vosotros/-as						
Ellos, Ellas, Uds.						

b.

	Hablar	Subir	Viajar	Abrir	Correr	Dibujar
Yo						
Tú						
Él, Ella, Usted						
Nosotros/-as						
Vosotros/-as						
Ellos, Ellas, Uds.						

A1 — Sopa de letras: el carácter

- **Contenidos para trabajar:** léxico relacionado con el carácter
- **Nivel:** A1
- **Destinatarios:** jóvenes y adultos
- **Tipo de agrupamiento en clase:** individual o en parejas
- **Tiempo de preparación:** ninguno
- **Recursos:** fotocopias de la actividad
- **Duración de la actividad en clase:** 30 minutos

- **Descripción y procedimiento**

  El objetivo de esta actividad consiste en que el alumno se familiarice con adjetivos que utilizamos en español para describir el carácter de las personas. Para ello, hemos confeccionado una sopa de letras en la que el alumno debe buscar esos adjetivos y anotarlos en el lugar correspondiente de una tabla formada por cuatro columnas: adjetivo / sinónimo / antónimo / sustantivo.

  Cuando haya encontrado todos los adjetivos, el alumno deberá consultar el diccionario para completar la última columna de la tabla con el sustantivo correspondiente a cada adjetivo.

comienza el juego

1. Busca en la siguiente sopa de letras diez adjetivos relacionados con el carácter. Escríbelos en el lugar correspondiente de la tabla. Después, completa la columna de los sustantivos con la ayuda del diccionario.

```
A C G S I M P A T I C O U T
M Ñ N R X B T R D Z Z K Y I
P E U A A L A P C K O Ñ Q Q
R P S T R A B A J A D O R H
E A I S Q F I Ñ K E Q F S N
S O L I D A R I O A P N A E
P O G M U L D F E L M O N R
O H Y I F Q B J L X F E M V
N Z A T K I A J O C N D R I
S G R P M U L R T I M I D O
A L C O B V E F J M X D Ñ S
B S K Q T M G E N E R O S O
L I U A D Z R M A A E F F I
E R S I N C E R O I J G H M
```

2. Escribe los adjetivos de la actividad 1 en la tabla. Después, completa la columna de los antónimos y los sustantivos con ayuda del diccionario.

ADJETIVO	ANTÓNIMO	SUSTANTIVO
alegre	triste	alegría
sincero		
optimista		
tímido		
nervioso		
simpático	antipático	
responsable		
generoso		
solidario		
trabajador	vago	

A1 — Dominó: el presente

- **Contenidos para trabajar:** presente de indicativo y verbos reflexivos
- **Nivel:** A1
- **Destinatarios:** jóvenes y adultos
- **Tipo de agrupamiento en clase:** en dos grupos o grupos de cuatro como máximo
- **Tiempo de preparación:** 15 minutos
- **Recursos:** fotocopias de las fichas del dominó y tijeras
- **Duración de la actividad en clase:** 20 minutos

- **Descripción y procedimiento**

En esta activdad los alumnos van a practicar la forma del presente de indicativo y la formación de los verbos reflexivos a través de un dominó.

Se fotocopian y recortan las fichas. Se mezclan bien. Con la clase dividida en dos grupos (si no es muy numerosa), se le entregan las fichas a un miembro del primer grupo que, con ayuda de sus compañeros, tendrá que ordenarlas en el menor tiempo posible. Se cronometra el tiempo que ha tardado en ordenarlas y se comprueba que lo ha hecho bien. A continuación, se le entregan las fichas a un miembro del otro equipo y se repite el procedimiento.

comienza el juego

1. Aquí tienes las fichas de un dominó. Tienes que ordenarlas de forma que cada pronombre reflexivo *(me, te, se, nos, os, se)* o personal *(yo, tú, él/usted, nosotros, vosotros, ellos/ustedes)* vaya con su forma verbal correspondiente.

	OS		LEVANTÁIS	ME		ACUESTO	VOSOTROS

DESAYUNÁIS	SE		BAÑAN	SE		PEINA	ELLOS

DUERMEN	TÚ		QUIERES	NOSOTROS		SOMOS	VOSOTROS

VAIS	USTEDES		PUEDEN	ÉL		PREFIERE	USTED

ES	

2. Escribe las formas que has encontrado en el cuadro.

VERBO		VERBO	
Levantarse	Os levantáis		

A1 — Días de fiesta

- **Contenidos para trabajar:** los meses y las estaciones del año
- **Nivel:** A1
- **Destinatarios:** jóvenes y adultos
- **Tipo de agrupamiento en clase:** individual o en parejas
- **Tiempo de preparación:** ninguno
- **Recursos:** fotocopias de la actividad y conexión a Internet
- **Duración de la actividad en clase:** 30 minutos

- **Descripción y procedimiento**

Con esta actividad pretendemos que el alumno se familiarice con el nombre de los meses y de las estaciones del año en español. Además, a través de esta actividad el alumno podrá conocer las fechas festivas comunes a todas las comunidades y localidades españolas.

En primer lugar, el alumno tiene que buscar en una sopa de letras los nombres de los doce meses y de las cuatro estaciones del año. Debe anotar el nombre de cada mes en el lugar correspondiente del calendario que le damos.

Por último, escribirá en la tabla el nombre del mes de cada uno de los festivos que figuran en ella.

- **Comentarios**

Dar páginas webs a los alumnos para buscar el calendario laboral español.

comienza el juego

1. Busca en la sopa de letras los nombres de los doce meses del año y de las cuatro estaciones.

```
D O F U Ñ F Z I N V I E R N O
E N E R O U J O L H G I E F Y
L L B J F S E P T I E M B R E
L O R A P U M A Y D Ñ O A J P
G P E V A F L F M A R Z O I
A I R U E Ñ P D H E F L D M F
N F O R D I C I E M B R E V U
O G I P O V E G R J E R P F J
V V H O P L M E Ñ A L O R Ñ U
I E F T A G A V F S V F Z A N
E O F O Y R Y S E D U I V G I
M S L Ñ P H O C T U B R E S O
B Y Z O R J Z P E Ñ S J U H V
R P S L D U O S V E R A N O M
E A B R I L J F L G I Ñ E Z L
M J F O G I F Y H A G O S T O
L I F Ñ A O M L E V O R U Y Z
O A V S U S P R I M A V E R A
```

2. Busca en Internet el calendario laboral español de este año.

3. Estos son los días de fiesta más importantes en España. Escribe el mes en que se celebra cada fiesta.

Días de fiesta
(comunes a todas las comunidades y localidades españolas)

1 de _____	Día de Año Nuevo	12 de _____	Fiesta Nacional de España
6 de _____	Día de Reyes	1 de _____	Fiesta de Todos los Santos
_ de _____	Día de Reyes	6 de _____	Día de la Constitución
1 de _____	Día del Trabajo	8 de _____	La Inmaculada
15 de _____	Asunción de la Virgen	25 de _____	Navidad

A1 — Mis gustos y preferencias

- **Contenidos para trabajar:** verbos que expresan gustos y preferencias
- **Nivel:** A1
- **Destinatarios:** jóvenes y adultos
- **Tipo de agrupamiento en clase:** individual o en parejas
- **Tiempo de preparación:** ninguno
- **Recursos:** fotocopias de la actividad
- **Duración de la actividad en clase:** 30 minutos

- **Descripción y procedimiento**

Con esta actividad pretendemos que el alumno practique la expresión de los gustos y las preferencias.

En primer lugar, presentamos el presente de indicativo de los verbos *gustar, preferir* y *querer,* así como el contraste de uso entre el verbo *haber* y el verbo *tener*.

A continuación el alumno debe crear seis frases utilizando el verbo *gustar* a partir de los fragmentos que le damos.

Por último, el alumno debe comparar la información sobre dos hoteles españoles, elegir uno y escribir un pequeño texto justificando su elección y utilizando los contenidos gramaticales trabajados con anterioridad.

comienza el juego

1. **Escribe frases con los siguientes elementos de la tabla.**

A Juan y a mí	me	gustan	el flamenco
A Sonia y a Rafa	te	gusta	las corridas de toros
A ti	le	gustan	la tortilla de patatas
A mí	nos	gustan	el flamenco
A María y a ti	os	gusta	las conservas gallegas
A usted	les	gusta	las tapas

a. _____

b. _____

c. _____

d. _____

e. _____

f. _____

A1 — Mis gustos y preferencias

el juego continúa

2. Aquí tienes dos hoteles en los que puedes alojarte si vas a España. ¿Cuál prefieres? ¿Por qué? Escribe un texto utilizando los verbos anteriores *(gustar, preferir, querer, haber/tener...)* y cuéntaselo a tus compañeros.

HOTEL ALCÁZAR

- Cobertura inalámbrica en todo el hotel (WiFi)
- Salida a las 11 horas
- Excelente desayuno continental
- Cálidas habitaciones con alfombras
- TV por cable
- Baño privado
- Recambio de artículos de baño
- Ventiladores de techo
- Servicio de limpieza
- Recepción 24 horas
- PC con Internet gratis para los clientes
- Cochera opcional a 50 metros del hotel
- Calefacción
- Servicio médico 24 horas
- Caja de seguridad en recepción
- Servicio de lavandería
- Periódico con el desayuno

• Precios especiales para grupos o empresas
• Organización de eventos: bodas, congresos, etc.

Fuente: http://www.hotelushuaiamdq.com.ar/img/servicios_hotel_ushuaia_mdq.png

Fuente: http://www.viajeshoteles.net/galicia/hotel-husa-bahia-de-vigo/

A mí me interesa el hotel

A1 Practico el presente de indicativo

- **Contenidos para trabajar:** presente de indicativo de verbos regulares e irregulares y los posesivos
- **Nivel:** A1
- **Destinatarios:** jóvenes y adultos
- **Tipo de agrupamiento en clase:** individual
- **Tiempo de preparación:** ninguno
- **Recursos:** fotocopias de la actividad
- **Duración de la actividad en clase:** 30 minutos

- **Descripción y procedimiento**

Con esta actividad pretendemos que el alumno practique las formas del presente de indicativo de algunos verbos regulares e irregulares en español *(ser, estar, tener, vivir, pasar* y *correr)*.

En primer lugar el alumno debe ordenar las formas de cada uno de estos verbos y escribirlas en el lugar correspondiente dentro de una tabla.

A continuación le proponemos que escriba frases utilizando estos verbos en presente de indicativo con algunos de los elementos que le proporcionamos en esta actividad.

comienza el juego

1. Completa las siguientes tablas con sus formas correspondientes.

a.

	Ser
Yo	
Tú	
Él, Ella, Usted	es
Nosotros/-as	
Vosotros/-as	
Ellos, Ellas, Uds.	

b.

	Estar
Yo	
Tú	
Él, Ella, Usted	está
Nosotros/-as	
Vosotros/-as	
Ellos, Ellas, Uds.	

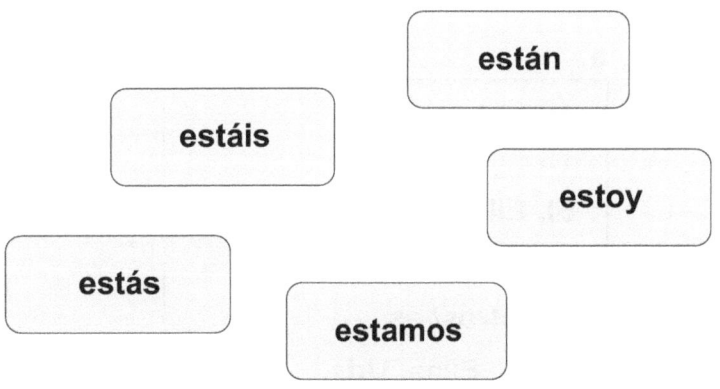

c.

	Tener
Yo	
Tú	
Él, Ella, Usted	tiene
Nosotros/-as	
Vosotros/-as	
Ellos, Ellas, Uds.	

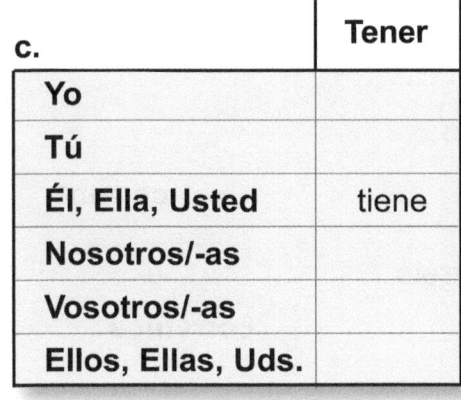

A1 Practico el presente de indicativo

el juego continúa

d.

	Vivir
Yo	
Tú	
Él, Ella, Usted	vive
Nosotros/-as	
Vosotros/-as	
Ellos, Ellas, Uds.	

vivimos — viven — vivís — vivo — vives

e.

	Pasar
Yo	
Tú	
Él, Ella, Usted	pasa
Nosotros/-as	
Vosotros/-as	
Ellos, Ellas, Uds.	

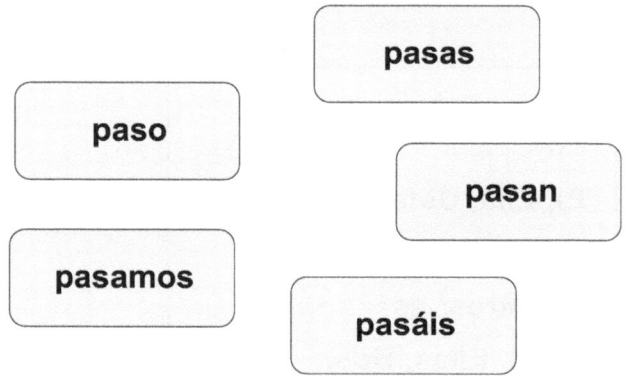

pasas — paso — pasan — pasamos — pasáis

f.

	Correr
Yo	
Tú	
Él, Ella, Usted	corre
Nosotros/-as	
Vosotros/-as	
Ellos, Ellas, Uds.	

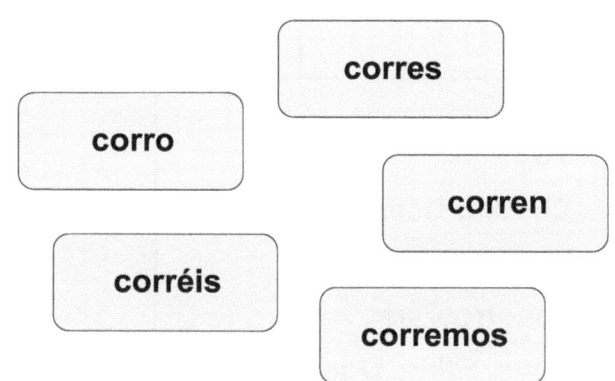

corres — corro — corren — corréis — corremos

2. Escribe frases utilizando los verbos y el vocabulario que hay a continuación.

Por ejemplo:

▲ *Mi padre es alto.*

Familia		Ser	Estar	Tener
• Padre • Madre • Abuelo • Abuela • Hermano • Hermana • Tío • Tía	• Primo • Prima • Sobrino • Sobrina	• Simpático • Alemán • Ingeniero • Del Real Madrid • Alto • Gordo • Moreno	• Contento • Casado • Viudo • Soltero • En el trabajo • En casa	• Una casa grande • Muchos amigos • Un ordenador portátil • Una casa en la montaña • Clases de español los lunes • Un perro

Vivir	Pasar	Correr
• En un barrio tranquilo • En otra ciudad • En el extranjero • Con un amigo • Con su familia • En un piso pequeño	• Los veranos en la playa • Por el centro de la ciudad • Las vacaciones en la montaña	• Rápido • Varios kilómetros todos los días • Por la playa • Con su perro • Todas las mañanas • Por el parque

a. • _____

b. • _____

c. • _____

d. • _____

e. • _____

f. • _____

g. • _____

h. • _____

i. • _____

j. • _____

A1 — Sitges

- **Contenidos para trabajar:** léxico relacionado con las vacaciones
- **Nivel:** A1
- **Destinatarios:** jóvenes y adultos
- **Tipo de agrupamiento en clase:** individual y en parejas
- **Tiempo de preparación:** ninguno
- **Recursos:** fotocopias de la actividad
- **Duración de la actividad en clase:** 20 minutos

- **Descripción y procedimiento**

Con esta actividad el alumno va a familiarizarse con el léxico que aparece frecuentemente en textos sobre lugares de vacaciones.

La actividad consiste en relacionar adecuadamente las palabras de las dos columnas. Al hacerlo, el alumno encontrará expresiones habituales al hablar de viajes y lugares de vacaciones: *destinos turísticos, buen tiempo, oferta turística, noches de fiesta, festival de cine, época del año, red hotelera, estancia en la ciudad.*

A continuación, los alumnos deben completar un texto sobre la ciudad de Sitges (Barcelona) con las expresiones de la actividad anterior.

Por último, deben comparar en parejas su ciudad con Sitges y escribir algunas frases.

comienza el juego

1. **Sitges es una ciudad muy conocida de Barcelona. Relaciona los elemenos de las dos columnas para conocerla mejor.**

   1. destinos
   2. buen
   3. noches
   4. festival
   5. época
   6. red
   7. estancia

   a. de fiesta
   b. del año
   c. turísticos
   d. hotelera
   f. tiempo
   g. en la ciudad
   h. de cine

2. **Ahora completa el siguiente texto con los elementos de la actividad anterior para entender por qué Sitges es un lugar encantador.**

   A solo 40 kilómetros de Barcelona y a 25 kilómetros del aeropuerto de El Prat, Sitges es uno de los _____ más solicitados de España y con mayor fama en el extranjero. El sol, el _____, las playas de arena dorada, las pequeñas calas, la gran oferta deportiva, cultural o gastronómica, las _____ y los carnavales, convierten a Sitges en el lugar perfecto para disfrutar de unas vacaciones. Es el mejor lugar para pasar unos días de relax en cualquier _____. La amplia _____ de la ciudad pone a disposición del turista todo tipo de alojamientos y servicios para descansar y disfrutar de su _____.

3. **Ahora compara tu ciudad con la información que tienes sobre Sitges y, con un compañero, escribid varias frases sobre ella.**

   Por ejemplo:
   ▲ *El aeropuerto de mi ciudad también está a unos 20 kilómetros de la ciudad.*

   a. •
   b. •
   c. •
   d. •
   e. •

A1 Los hábitos del turista

- **Contenidos para trabajar:** léxico relacionado con el turismo y los gustos.
- **Nivel:** A1
- **Destinatarios:** jóvenes y adultos
- **Tipo de agrupamiento en clase:** individual y en parejas o en grupo de tres o cuatro
- **Tiempo de preparación:** ninguno
- **Recursos:** fotocopias de la actividad
- **Duración de la actividad en clase:** 30 minutos

- **Descripción y procedimiento**

El objetivo de esta actividad es que el alumno practique la expresión escrita acerca de sus propios hábitos como turista. Para ello, deberá poner en práctica contenidos gramaticales, como el presente de indicativo de los verbos *gustar* y *preferir*; o léxicos, como las estaciones del año, los tipos de alojamiento, los medios de transporte, etc.

En primer lugar, el alumno debe responder un test sobre sus hábitos turísticos y, a continuación, escribir un pequeño texto siguiendo el modelo que le damos.

comienza el juego

1. **Completa este test sobre tus gustos en vacaciones.**

   a. ¿Con quién te gusta viajar?
   - ❏ Me gusta viajar solo
   - ❏ Con mi pareja
   - ❏ Con mi familia
   - ❏ Con mis amigos
   - ❏ Solo, en viajes organizados para hacer amigos

   b. ¿Cuándo viajas?
   - ❏ En primavera
   - ❏ En verano
   - ❏ En otoño
   - ❏ En invierno

   c. ¿Qué prefieres?
   - ❏ Las grandes ciudades
   - ❏ Las culturas diferentes
   - ❏ La aventura y el riesgo
   - ❏ La naturaleza y/o la playa
   - ❏ Conocer cómo vive la gente del lugar

   d. ¿Qué es lo que más te gusta hacer en tus vacaciones?
   - ❏ Salir de noche
   - ❏ Descansar
   - ❏ Visitar museos, iglesias, monumentos...

   e. ¿Cómo viajas?
   - ❏ En avión
   - ❏ En coche
   - ❏ En autobús
   - ❏ En tren
   - ❏ En barco

   f. ¿Dónde duermes?
   - ❏ En casa de amigos
   - ❏ En un hotel
   - ❏ En un hostal
   - ❏ En un albergue juvenil
   - ❏ En un camping
   - ❏ En una casa de alquiler

   g. ¿Qué sueles comprar en tus viajes?
   - ❏ Nada, no me gusta comprar
   - ❏ Productos típicos (artesanía, comida, ropa...)
   - ❏ Música

   h. ¿Qué sueles comer?
   - ❏ La comida típica del lugar
   - ❏ Lo mismo que en mi país
   - ❏ Comida rápida

2. **Escribe un texto con la información de la actividad 1 y cuéntaselo a tus compañeros.**

   Por ejemplo:
   ▲ *Me gusta viajar con mis amigos en verano. Me gusta la naturaleza... Prefiero...*

A2 ¿Vemos o vimos?

- **Contenidos para trabajar:** uso del presente y del pretérito indefinido en primera persona del plural
- **Nivel:** A2
- **Destinatarios:** jóvenes y adultos
- **Tipo de agrupamiento en clase:** en grupos de tres o cuatro
- **Tiempo de preparación:** 15 minutos
- **Recursos:** fotocopias de las fichas de la actividad
- **Duración de la actividad en clase:** 15 minutos

- **Descripción y procedimiento**

Con esta actividad pretendemos que el alumno diferencie y use correctamente la primera persona del plural de los verbos terminados en *-er* y en *-ir*: *nosotros perdemos* (presente de indicativo) y *nosotros perdimos* (pretérito indefinido).

El juego se compone de fichas. En una mitad de la ficha hemos escrito una frase que contiene una forma verbal en presente o en indefinido y en la otra un marcador temporal *(el año pasado, el último sábado, casi nunca, etc.)*. Se recortan las fichas y se mezclan. Dividimos la clase en pequeños grupos y entregamos un juego de fichas a cada grupo. Una vez repartidas, cada grupo tendrá que emparejar correctamente una frase con su marcador temporal adecuado, diferenciando las formas del presente y del pretérito indefinido. Se les dice a los alumnos que la primera ficha es *El año pasado*. Les damos unos 10 o 15 minutos para terminar la actividad. Se pone en común y se corrigen los errores.

comienza el juego

1. Ordena las siguientes fichas en parejas, de forma que cada marcador temporal vaya acompañado de la forma verbal correcta.

| | El año pasado | | perdimos el campeonato en el último minuto | María y yo el último sábado |

| volvimos muy tarde de la discoteca | Nosotros casi nunca | | perdemos el autobús para ir a la escuela | Mi compañero y yo |

| volvemos a casa en metro después del trabajo | En el verano de 1999 | | corrimos el maratón y ganamos | Mi amigo y yo siempre |

| devolvemos los favores que nos hacéis | Nosotras todas las tardes | | corremos por el parque durante una hora | El mes pasado Juan y yo |

| devolvimos un ordenador defectuoso a la fábrica | El 19 de noviembre | | nacimos mi hermano gemelo y yo | Este verano tú y yo |

| podemos irnos de vacaciones | Algunas personas creen que | | nacemos otra vez después de morir | El año pasado mi mujer y yo |

| pudimos ir de vacaciones juntos por primera vez | Todas las noches | | metemos las plantas dentro de casa | El mes pasado no |

| metimos el dinero en el banco | |

29

A2 — Conozco tu pasado

- **Contenidos para trabajar:** uso del pretérito indefinido y del pretérito perfecto para hablar de acciones pasadas
- **Nivel:** A2
- **Destinatarios:** jóvenes y adultos
- **Tipo de agrupamiento en clase:** individual y en parejas
- **Tiempo de preparación:** ninguno
- **Recursos:** fotocopias de la actividad
- **Duración de la actividad en clase:** 30 minutos

- **Descripción y procedimiento**

El objetivo principal de esta actividad es que el alumno tome conciencia y practique de una forma agradable y amena el contraste que existe en algunas zonas hispanohablantes entre el pretérito indefinido y el pretérito perfecto de indicativo. Para ello, le presentamos una serie de cosas que imaginamos que su compañero puede haber hecho durante los días anteriores a la clase de español.

Cada alumno debe imaginar qué ha hecho su compañero y cuándo lo ha hecho. Debe escribirlo en el lugar correspondiente de la tabla utilizando adecuadamente el pretérito indefinido o el pretérito perfecto en cada caso.

Para terminar, pedimos a cada alumno que lea en voz alta qué ha hecho su compañero (por ejemplo: *Hoy Fernando ha tomado un taxi… Ayer llamó por teléfono a un amigo*). El compañero debe corregir la información incorrecta siguiendo el modelo que le damos *(No, tomé un taxi anteayer y he llamado a un amigo esta mañana…)*.

comienza el juego

1. **Imagina qué ha hecho tu compañero en los últimos días y cuándo y escríbelo en la tabla. Debes usar el pretérito indefinido o el pretérito perfecto según el momento.**

- Tomar un taxi.
- Tomar una café con un amigo o una amiga.
- Llamar por teléfono a un familiar.
- Ver una película interesante en la tele.
- Ir al cine.
- Salir tarde del trabajo.
- Hablar con un compañero del trabajo sobre un proyecto.
- Pensar en las vacaciones.
- Comprar algo de ropa.
- Enviar un correo electrónico a un amigo que no vive en esta ciudad.
- Viajar por motivos de trabajo.
- Participar en una videoconferencia.
- Hacer ejercicios de español en casa.
- Perder la clase de español.
- Discutir con un familiar.
- Venir en autobús a clase.
- Salir a tomar algo después del trabajo con los amigos.
- Tener problemas en el trabajo.
- Poner la lavadora.
- Otras cosas:

Hoy	Ayer
•	•
•	•
•	•
•	•
•	•

Anteayer	Hace tres días (el . . . .)
•	•
•	•
•	•
•	•
•	•

2. **Dile a tu compañero lo que has escrito y corrige o completa la información.**

   Por ejemplo:
   ▲ *Hoy ha tomado un taxi. Ayer tomó un café con un amigo.*
   ■ *No, tomé un taxi anteayer y he tomado un café con mi amiga Laura esta mañana.*

A2 Criptograma: la ropa

- **Contenidos para trabajar:** la ropa
- **Nivel:** A2
- **Destinatarios:** jóvenes y adultos
- **Tipo de agrupamiento en clase:** individual
- **Tiempo de preparación:** ninguno
- **Recursos:** fotocopias de la actividad
- **Duración de la actividad en clase:** 30 minutos

- **Descripción y procedimiento**

Proponemos una actividad para revisar el léxico relacionado con las prendas de vestir. Entregamos a cada estudiante una copia del criptograma. Resolvemos antes posibles dudas de vocabulario que puedan tener: *prenda de vestir, tira de tela, anudar, lazos, cubrir, tejido, muslo,* etc.

comienza el juego

1. **Sustituye los números por letras, teniendo en cuenta que cada número corresponde a la misma letra. Son palabras relacionadas con la ropa.**

a. Prenda de ropa interior femenina que sirve para sostener el pecho.

1	2	3	4	5	6	7	8	9

b. Prenda de ropa interior femenina o infantil que cubre generalmente desde la cintura hasta la ingle.

10	9	6	11	6

c. Prenda de ropa interior masculina que se lleva debajo del pantalón.

12	6	13	14	8	15	12	16	13	13	8

d. Prenda de ropa de punto que cubre el pie y la pierna sin llegar a la rodilla.

12	6	13	12	4	5	16	15

e. En plural, prenda de vestir que se ajusta a la cintura, y que llega generalmente hasta los tobillos, cubriendo las dos piernas por separado.

17	6	15	5	6	13	8	15	4	1

f. Prenda de vestir, generalmente femenina, que cae desde la cintura.

18	6	13	7	6

g. Tira de tela que se anuda al cuello de la camisa dejando caer los extremos sobre el pecho, o haciendo lazos con ellos.

12	8	9	10	6	5	6

h. Prenda de ropa informal de hombre y mujer que cubre la parte superior del cuerpo. Es de algodón y sin botones.

12	6	19	16	1	4	5	6

i. Prenda de vestir que se usa para cubrir la cabeza, sin copa ni alas, y generalmente con visera.

11	8	9	9	6

j. En plural, pieza de tela de pequeño tamaño y de forma cuadrada que se utiliza generalmente para limpiarse la nariz.

17	6	20	2	4	13	8

k. Prenda de ropa interior femenina, de tejido muy fino y generalmente transparente, que cubre el pie y la pierna hasta el muslo o hasta la cintura.

19	4	7	16	6	1

l. Prenda de vestir femenina, de tela fina, que cubre la parte superior del cuerpo, y generalmente es abierta por delante o por detrás y se cierra con botones.

10	13	2	1	6

m. Prenda de vestir de tela que cubre el cuerpo desde el cuello hasta más abajo de la cintura, generalmente con cuello y botones por delante.

12	6	19	16	1	6

A2 — Crucigrama: el gerundio

- **Contenidos para trabajar:** formación del gerundio
- **Nivel:** A2
- **Destinatarios:** jóvenes y adultos
- **Tipo de agrupamiento en clase:** individual y en parejas
- **Tiempo de preparación:** ninguno
- **Recursos:** fotocopias de la actividad
- **Duración de la actividad en clase:** 25 minutos

- **Descripción y procedimiento**

  Con esta actividad el alumno conocerá las reglas de formación del gerundio en español. Para ello, le proponemos actividades de fijación siguiendo un modelo determinado.

  A continuación, el alumno realizará un crucigrama para practicar este contenido gramatical de una forma lúdica y atractiva.

comienza el juego

1. Completa la siguiente tabla con el pretérito indefinido y el gerundio.

Hervir	hirvió	
Medir		midiendo
Mentir	mintió	
Pedir		pidiendo
Seguir (conseguir...)	siguió	siguiendo
Sentir (consentir...)	sintió	
Servir		sirviendo
Advertir		
Convertir		

2. Completa la siguiente tabla con el gerundio.

Traer	
Caer	
Leer	
Oír	
Poseer	
Huir	
Atribuir	
Construir	

> A2 — Crucigrama: el gerundio

el juego continúa

3. **Completa la siguiente tabla.**

Morir	
Dormir	
Poder	
Ser	
Ir	
Decir	
Divertir	
Corregir	

4. **Dile a tu compañero un verbo en infinitivo. Él debe formar una frase completa utilizando el gerundio.**

   Por ejemplo:
   ▲ *Leer.*
   ■ *Estoy leyendo un libro en español.*

5. Completa el crucigrama con el gerundio de los siguientes verbos.

Horizontales
1. Medir
3. Ver/traer
5. Ser
7. Servir
9. Dormir
11. Venir

Verticales
2. Seguir
4. Poder
6. Sentir
8. Oír
10. Mentir
12. Huir
13. Ir
14. Morir

A2 — Dominó: los pasados

- **Contenidos para trabajar:** pretérito indefinido y pretérito perfecto
- **Nivel:** A2
- **Destinatarios:** jóvenes y adultos
- **Tipo de agrupamiento en clase:** en dos grupos o grupos de cuatro como máximo
- **Tiempo de preparación:** 25 minutos
- **Recursos:** fotocopias de las fichas de la actividad
- **Duración de la actividad en clase:** 20 minutos

- **Descripción y procedimiento**

Con esta actividad los alumnos practican las formas del pretérito indefinido y el pretérito perfecto. En cada ficha hay un pronombre personal *(yo, tú, él, ella, usted, nosotros, vosotros, ellos, ellas, ustedes)* y una forma verbal en pretérito perfecto o en pretérito indefinido. Los alumnos deben emparejar correctamente cada pronombre con su forma verbal.

Se fotocopian y recortan las fichas. Se mezclan bien. Con la clase dividida en dos grupos (si no es muy numerosa), se le entregan las fichas a un miembro del primer grupo que, con ayuda de sus compañeros, tendrá que ordenarlas en el menor tiempo posible. Se cronometra el tiempo que ha tardado en ordenarlas y se comprueba que lo ha hecho bien. A continuación, se le entregan las fichas a un miembro del otro equipo y se repite el procedimiento.

comienza el juego

1. A continuación, el profesor te va a entregar las fichas de un dominó. Intenta ordenarlas de forma que cada pronombre personal *(yo, tú, él/ usted, nosotros, vosotros, ellos/ustedes)* vaya acompañado de la forma verbal que le corresponde.

	YO	HICE	TÚ	VINISTE	YO
DIJE	ÉL	DIJO	TÚ	HAS DICHO	ÉL
HA VENIDO	VOSOTROS	QUISISTEIS	ELLOS	ESTUVIERON	VOSOTROS
HICÍSTEIS	USTEDES	HAN VUELTO	ÉL	HA VENIDO	NOSOTROS
ANDUVIMOS	YO	HE VENIDO	NOSOTROS	HEMOS DICHO	TÚ
FUISTE	USTED	PUSO	ELLOS	FUERON	YO
PUSE	VOSOTROS	PUSISTEIS	VOSOTROS	ESTUVISTEIS	ÉL
VINO	ÉL	HA DICHO	USTEDES	PUSIERON	ÉL
QUISO	VOSOTROS	PUDISTEIS	ÉL	HIZO	YO
QUISE					

A2 Mamá, ¿te ayudo?

- **Contenidos para trabajar:** pretérito imperfecto, léxico relacionado con las tareas domésticas y pronombres de objeto directo y objeto indirecto.
- **Nivel:** A2
- **Destinatarios:** jóvenes y adultos
- **Tipo de agrupamiento en clase:** individual y en parejas
- **Tiempo de preparación:** ninguno
- **Recursos:** fotocopias de la actividad
- **Duración de la actividad en clase:** 30 minutos

- **Descripción y procedimiento**

Entregamos los textos a los alumnos y les pedimos que los completen con los verbos y los pronombres correctos. Una vez terminada y corregida esta primera actividad, a continuación les pedimos que escriban un texto en el que comparen lo que hacía Juanito con lo que hacían ellos a su edad, o sus hijos cuando eran pequeños (si tenemos alumnos de edad avanzada en clase), y finalmente contarán a su compañero lo que han escrito sin mirar el texto.

- **Comentarios**

Podemos variar la actividad invitando a los alumnos a que digan cuál es su opinión respecto a las tareas que Juanito hacía con once años, si les parece bien o es excesivo, si sus padres hacían lo mismo con ellos o si ellos hacen lo mismo con sus hijos.

comienza el juego

1. Una madre habla de las tareas domésticas que hacía su hijo Juanito cuando tenía once años. Lee el texto y completa los huecos con los verbos (en imperfecto) o con los pronombres *lo, la, los, las, le, les,* según sea necesario.

LA COLADA

Juanito _____ (ECHAR) la ropa sucia en la cesta casi siempre que yo se lo _____ (DECIR); _____ (ENCENDER) la lavadora y _____ (PONER) la pastilla de detergente en el lugar correspondiente. Cuando la ropa estaba seca _____ (DOBLAR) los calcetines, _____ emparejaba y _____ (HACER) una bola con ellos.

LA COMPRA

Solía ir conmigo; yo _____ iba pasando los alimentos y él _____ echaba en la cesta o en el carrito; en la caja _____ gustaba ir poniéndolo todo en la cinta.

LIMPIAR LA CASA

Cuando _____ (TENER) ganas, o cuando ensuciaba algo, usaba la escoba o la fregona. Lo que más le _____ (GUSTAR) era el pulverizador de agua para limpiar los muebles. También le _____ (ENCANTAR) limpiar los cristales con agua y jabón.

A2 — Mamá, ¿te ayudo?

el juego continúa

RECOGER SUS COSAS

Juanito estaba acostumbrado a recoger lo que estaba usando antes de sacar otra cosa. A veces, si _____ (HABER) muchas cosas fuera de su sitio o no tenía ganas, _____ (RECOGER) "los dos", pero, al final, era yo quien _____ (HACE) todo el trabajo.

PONER Y QUITAR LA MESA

Solo _____ (AYUDAR) cuando _____ (QUERER) jugar a ser camarero _____ (PONER) más o menos bien los cubiertos, los platos y los vasos.

LAVAR LOS PLATOS

A veces. Solo _____ dejábamos lavar objetos que no se rompían _____ (DIVERTIRSE) porque _____ (JUGAR) con el agua y el detergente.

VESTIRSE Y DESVESTIRSE

_____ (DESVESTIRSE) solo normalmente. A veces _____ (PONERSE) él mismo algunas prendas si no eran muy complicadas. La ropa _____ elegía yo, aunque si alguna prenda no _____ gustaba, no se _____ ponía.

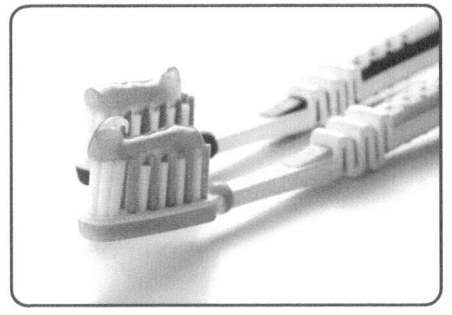

LAVARSE LOS DIENTES

Siempre protestaba cuando le _____ (TOCAR). Ahora ya no protesta cuando le toca lavárse _____.

COCINAR

Su padre y yo _____ (INTENTAR) enseñar _____ a hacer algunas cosas (galletas o tartas), pero todavía era pequeño para hacer _____ él solo. Nunca _____ (ENCENDER) el fuego.

2. **Compara lo que hacía Juanito con once años con lo que tú hacías en casa a esa edad y escribe un texto.**

_____
_____
_____
_____
_____
_____
_____
_____

3. **Sin mirar el texto de la actividad 2, cuéntale a tu compañero lo que has escrito.**

A2 — Nos vamos a Valencia

- **Contenidos para trabajar:** imperativo afirmativo en segunda persona del singular y léxico relacionado con el turismo
- **Nivel:** A2
- **Destinatarios:** jóvenes y adultos
- **Tipo de agrupamiento en clase:** individual o en parejas
- **Tiempo de preparación:** ninguno
- **Recursos:** fotocopias de la actividad
- **Duración de la actividad en clase:** 25 minutos

- **Descripción y procedimiento**

  A continuación proponemos una actividad que incluye la expresión oral y escrita, así como la práctica del imperativo afirmativo en español. Esta actividad sirve también para que el alumno entre en contacto con el léxico referido al turismo, como monumentos o lugares y actividades de ocio. Al mismo tiempo, los alumnos se acercarán a un género textual muy habitual: el de los folletos turísticos. Comenzamos la actividad entregando a nuestros alumnos el texto sobre Valencia y les pedimos que lo completen. Se trata de que practiquen las formas del imperativo afirmativo en la segunda persona del singular de algunos verbos.

- **Comentarios**

  Sería interesante que, una vez realizada la actividad, conversáramos con nuestros alumnos sobre las características propias del texto que han trabajado y que los animáramos para que comenten en qué lugares y situaciones podemos encontrarnos con este tipo de texto. Les propondremos que escriban, en parejas o individualmente, un texto similar sobre alguna ciudad del mundo hispano que ya conozcan. Para ayudarles con esta actividad sería aconsejable que les proporcionáramos textos con información o que ellos mismos la buscaran en Internet.

comienza el juego

1. Lee el siguiente texto sobre Valencia.

VALENCIA

Valencia es una ciudad ubicada a orillas del Mediterráneo, junto a la desembocadura del río Turia. Esta ciudad y sus alrededores constituyen un centro turístico de gran importancia por sus infraestructuras (hoteles, medios de transporte y vías de comunicación) y alternativas para el visitante.

Histórica y cosmopolita, ha sabido conservar su rico pasado adaptándose al ritmo de los tiempos. En la actualidad, Valencia es, además, un importante enclave económico y financiero.

El carácter abierto de su gente te va a sorprender. Ven a descubrir Valencia y disfruta de las numerosas actividades que te ofrece la ciudad.

A2 — Nos vamos a Valencia

el juego continúa

2. Completa el folleto con los verbos en imperativo (segunda persona del singular).

¿QUÉ HACER EN VALENCIA?

1. Para empezar bien el día, _____ (VISITAR) el bullicioso Mercado Central y _____ (CONVERTIRSE) en un comprador más.

2. _____ (SUBIR) a subir los doscientos siete escalones de la torre El Miguelete, campanario de la catedral.

3. _____ (TOMARSE) algo en la terraza de un bar de la Plaza de la Virgen. Si es jueves, _____ (ASISTIR) a la sesión del Tribunal de las Aguas, que tiene lugar desde hace mil años en la puerta gótica de la catedral.

4. _____ (PASEAR) por el casco antiguo. La Lonja, la iglesia de Santa Catalina, la catedral, el Palau de la Generalitat y las Torres de Serranos, son lugares que no te puedes perder.

5. _____ (DARSE) un paseo por el puerto o _____ (MONTARSE) en la Golondrina, un pequeño barco que te llevará hasta el faro.

6. El barrio de Mercaderes y la Plaza Redonda, con su ambiente único, son ideales.

7. _____ (PROBAR) una auténtica paella valenciana. ¡No te lo puedes perder!

8. _____ (RELAJARSE) en el Museo de Bellas Artes San Pío V. A la salida, _____ (PERDERSE) en los Jardines del Real.

9. Si eres aficionado al golf, _____ (ATREVERSE) con uno de los mejores campos de Europa, el campo de golf El Saler.

¿QUÉ HACER EN VALENCIA?

10. Si hace el calor, ¿qué mejor que una horchata en Alboraya? Para merendar, _____ (PEDIR) unos *fartons*.

11. _____ (IR) a un concierto en el Palau de la Música.

12. Visita el IVAM, el Centre Julio González y el Centre del Carme para ver el mejor arte moderno y contemporáneo.

13. _____ (ACERCARSE) al mirador de la Albufera para ver atardecer.

14. Por la noche, _____ (SALIR) de copas por la Malvarrosa, Cánovas o el Barri del Carme _____ (EMPEZAR) tomando un agua de Valencia, pero _____ (TOMÁRSELO) con calma, si quieres ver amanecer.

Texto adaptado de: http://www.upv.es/cv/valintro.html

3. **Escribe un texto similar sobre alguna ciudad del mundo hispano que conoces o quieres conocer.**

_____

_____

_____

_____

_____

_____

_____

_____

_____

_____

B1 Problemas de salud al usar el ordenador

- **Contenidos para trabajar:** imperativo afirmativo y negativo en tercera persona del singular
- **Nivel:** B1
- **Destinatarios:** jóvenes y adultos
- **Tipo de agrupamiento en clase:** individual y en parejas o en grupos de tres
- **Tiempo de preparación:** ninguno
- **Recursos:** fotocopias de la actividad, imagen del cuerpo humano (opcional)
- **Duración de la actividad en clase:** 30 minutos

- **Descripción y procedimiento**

Proponemos una actividad que incluye la expresión oral y la práctica del imperativo en español. Los alumnos encontrarán consejos y recomendaciones para cuidar su salud si trabajan con el ordenador.

Comenzamos la actividad animando a nuestros alumnos a que comenten con sus compañeros los aspectos que debemos cuidar para no tener problemas al usar el ordenador (la iluminación del ambiente, la posición de los pies, etc.).

A continuación, les pedimos que relacionen cada uno de los párrafos del texto con una de las frases que les damos y que completen los huecos del mismo con la forma correcta del imperativo de los verbos entre paréntesis en la tercera persona de singular *(usted)*.

- **Comentarios**

Esta actividad puede servirnos también para realizar una revisión del léxico relacionado con el cuerpo humano. Si lo vemos necesario, podemos entregar a los alumnos una imagen del cuerpo humano y pedirles que sitúen en él las partes del cuerpo que se mencionan en el texto. Al mismo tiempo, debemos comentar con nuestros alumnos las características propias de este tipo de texto e incluso pedirles que escriban uno semejante para una situación diferente (pasar muchas horas de pie, estar muchas horas en un avión o conduciendo, etc.).

comienza el juego

1. **Antes de empezar, marca y discute con tus compañeros cuáles de los siguientes aspectos debemos cuidar para no tener problemas al usar el ordenador.**

   Por ejemplo:
   ▲ *Yo creo que la iluminación es importante para no hacernos daño en la vista.*
   ■ *Pues para mí, la postura al sentarse es lo más importante. Muchas veces me duele el cuello después de varias horas con el ordenador.*

   - La iluminación del ambiente
   - La respiración
   - La posición de los pies, de los hombros, de los codos, etc.
   - El tipo de teclado, de ratón y de silla que utilizamos
   - El consumo de líquidos
   - La postura al sentarse
   - La altura y posición de la pantalla
   - El tiempo que permanecemos sentados
   - Los movimientos de nuestros ojos
   - La temperatura ambiente
   - Otros…

2. **Completa con la forma correcta del imperativo.**

a. Al sentarse, _____ (MANTENER) su espalda recta, de forma que esta se apoye en la silla _____ (no USAR) sillas sin apoyabrazos o con apoyabrazos pequeños. _____ (no DEJAR) los hombros caídos _____ (APOYAR) los muslos completos en la silla.

b. _____ (APOYAR) los pies por completo en el suelo. Si la silla es muy alta para usted, _____ (USAR) un apoyo para los pies.

c. _____ (DAR) preferencia a sillas que tengan apoyabrazos, de forma que los codos no permanezcan por debajo de la línea de las muñecas.

d. _____ (COLOCAR) la pantalla en una posición frontal a su rostro, de forma que no tenga que levantar la cabeza para verla.

B1 — Problemas de salud al usar el ordenador

el juego continúa

e. Si se queda con la cara pegada a la pantalla, su vista se cansará rápidamente. Por eso, _____ (CONSERVAR) una distancia de al menos medio metro entre la pantalla y usted _____ (AJUSTAR) también los niveles de contraste y de brillo del monitor y _____ (USAR) modelos que tengan un protector de pantalla.

f. No es conveniente para el cuerpo permanecer mucho tiempo en una misma posición. Por eso, _____ (LEVANTARSE) cada cincuenta minutos. Si, por ejemplo, se encuentra en una oficina, _____ (IR) al baño o a tomar agua. Si el teléfono suena en otra mesa, _____ (CAMINAR) hasta allí para contestar.

g. Cuando usted se queda prestando mucha atención a lo que mira en el monitor, normalmente pestañea menos e, inmediatamente, sus ojos pueden comenzar a picarle. El mismo efecto se produce si se queda mucho tiempo en un ambiente con aire acondicionado. Por eso, al sentir señales de picor, _____ (COMENZAR) a parpadear más.

h. _____ (UTILIZAR) el ordenador en un lugar con luces blancas. La luz no debe darle directamente a la cara ni a la pantalla del ordenador.

i. Los teclados están diseñados para darle mayor comodidad y están preparados para evitar lesiones por esfuerzo repetitivo _____ (UTILIZAR) un teclado con soporte para no dañarse la muñeca ni el brazo.

Texto adaptado de: http://www.informatica-hoy.com.ar/hardware-pc-desktop/Como-evitar-problemas-de-salud-al-usar-la-computadora.php

3. **Relaciona los siguientes consejos con el párrafo correspondiente del texto anterior.**

- ❏ Use el ordenador en un ambiente bien iluminado.
- ❏ Mantenga los pies apoyados.
- ❏ Manténgase por lo menos a 50 centímetros de distancia de la pantalla.
- ❏ Mantenga los codos a la misma altura que las muñecas.
- ❏ Mantenga el monitor frente a su rostro.
- ❏ Use teclados cómodos.
- ❏ Levántese cada hora aproximadamente.
- ❏ Cuide su postura al sentarse.
- ❏ Descanse la vista.

B1 — Crucigrama: los pronombres

- **Contenidos para trabajar:** pronombres de objeto directo y objeto indirecto
- **Nivel:** B1
- **Destinatarios:** jóvenes y adultos
- **Tipo de agrupamiento en clase:** individual
- **Tiempo de preparación:** ninguno
- **Recursos:** fotocopias de la actividad
- **Duración de la actividad en clase:** 30 minutos

- **Descripción y procedimiento**

  El objetivo de esta actividad consiste en que los alumnos practiquen de forma amena un contenido complicado: el uso de los pronombres de objeto directo (OD) y objeto indirecto (OI). Para ello, les presentamos un cuadro con una serie de frases con complementos directos e indirectos, junto con un crucigrama. Este crucigrama lo hemos rellenado con las frases anteriores, pero hemos sustituido los complementos de OD y OI por sus pronombres correspondientes.

  Se trata de que los alumnos identifiquen cada una de las frases del cuadro con la frase correspondiente en el crucigrama (por ejemplo: *Dile a tu novia que lo vuestro se acabó – Díselo / Súbele el volumen de la tele al abuelo – Súbeselo*) y la escriba en el lugar adecuado debajo del crucigrama, según sea una indicación horizontal o vertical.

- **Comentarios**

  Sería aconsejable repasar con los alumnos la acentuación de las formas recogidas en el crucigrama.

comienza el juego

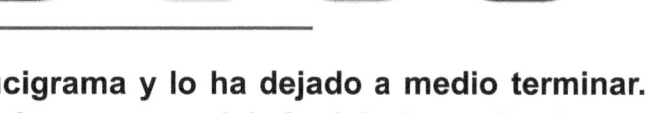

1. **Alguien se ha liado al hacer este crucigrama y lo ha dejado a medio terminar. Aquí tienes las indicaciones que deberían aparecer debajo del mismo. Ponlas en el lugar adecuado.**

   - Dile a tu novia que lo vuestro se acabó.
   - Súbele el volumen de la tele al abuelo.
   - Cómprale los juguetes al niño.
   - Di la verdad.
   - Enséñale al niño la lección.
   - Recomiéndale a tu amigo la película que hemos visto este fin de semana.
   - Compra esos zapatos.
   - Enseñe su documentación.
   - Recomienda a tu primo para ese trabajo.
   - Pon la tele.
   - Súbete el pantalón.
   - Ponte la chaqueta.

	1↓		2↓				4↓		5↓		
1→	R	E	C	O	M	I	E	N	D	A	S	E	L	A
	E		O						I		N		
2→	C	O	M	P	R	A	L	O	S		S		
	O		P						E		E		
	M		R			3→	D	I	L	E	Ñ		
	I		A						O		E		
	E		S		3↓			6↓		L		
	N	4→	E	N	S	E	Ñ	A	S	E	L	A	
	D		L		U			U					
	A		O		B			B					
	L		S		E			E					
	O				T			S					
					E			E					
	5→	P	O	N	L	A		L					
					O		6→	P	O	N	T	E	L	A

Horizontales

1. • _____
2. • _____
3. • _____
4. • _____
5. • _____
6. • _____

Verticales

1. • _____
2. • _____
3. • _____
4. • _____
5. • _____
6. • _____

B1 — El esclavo perfecto

- **Contenidos para trabajar:** futuro de indicativo y presente de subjuntivo
- **Nivel:** B1
- **Destinatarios:** jóvenes y adultos
- **Tipo de agrupamiento en clase:** individual y en parejas
- **Tiempo de preparación:** ninguno
- **Recursos:** fotocopias de la actividad
- **Duración de la actividad en clase:** 30 minutos

- **Descripción y procedimiento**

  El objetivo de esta actividad es la práctica del uso del presente de subjuntivo seguido de *lo que, cuando, como, donde…*, en combinación con el futuro de indicativo. El alumno debe completar las frases que le damos siguiendo un determinado modelo. Una vez realizada esta tarea, en parejas, los alumnos deben escribir frases semejantes relacionadas con una situación diferente.

comienza el juego

LAS PROMESAS DEL PERFECTO ESCLAVO

Te seguiré a donde quiera que vayas.

1. Aquí tienes una serie de promesas que ha hecho una persona a otra. Complétalas.

   Por ejemplo:

   ▲ *Te amaré cuando seas un viejecito gruñón.*

   a. _____ (HACER, yo) lo que tú me _____ (PEDIR)
   b. _____ (ACEPTAR, yo) todo lo que tú _____ (DECIDIR)
   c. _____ (IR, yo) a donde tú _____ (IR)
   d. _____ (COCINAR, yo) lo que te _____ (GUSTAR)
   e. Te _____ (DISCULPAR, yo) cuando _____ (EQUIVOCARSE)
   f. _____ (COMER, yo) lo que _____ (PREPARAR)
   g. _____ (LIMPIAR, yo) la casa cuando tú no _____ (ESTAR)
   h. _____ (BESAR, yo) el suelo que tú _____ (PISAR)
   i. _____ (SER, yo) exactamente como tú _____ (DECIR)
   j. _____ (ESTAR, yo) allí donde tú _____ (ESTAR)
   k. _____ (DESCANSAR, yo) donde tú _____ (DORMIR)

2. ¿Qué promesas se podrían hacer en estas situaciones? Escríbelas con tu compañero.
   - Un alumno a su profesor
   - Un político a su electorado
   - Un candidato a un puesto de trabajo

B1 — Elige la continuación

- **Contenidos para trabajar:** pronombres de objeto y pronombres reflexivos
- **Nivel:** B1
- **Destinatarios:** jóvenes y adultos
- **Tipo de agrupamiento en clase:** individual
- **Tiempo de preparación:** ninguno
- **Recursos:** fotocopias de la actividad
- **Duración de la actividad en clase:** 30 minutos

- **Descripción y procedimiento**

Esta actividad tiene como objetivo que el alumno reflexione acerca del uso de los pronombres en español. Presentamos una serie de frases y el alumno debe elegir la continuación adecuada para cada una entre dos posibilidades que le ofrecemos. Para ello, debe pensar qué tipo de verbo contiene la frase principal (transitivo, intransitivo, reflexivo…) y cuántos complementos (objeto directo y objeto indirecto) contiene la frase, además de reflexionar sobre qué pronombres deben aparecer en la continuación de la misma.

comienza el juego

1. **Lee las siguientes frases y elige la opción correcta prestando especial atención al uso de los pronombres de objeto directo, objeto indirecto y reflexivos.**

• María se metió un dedo	a. en la boca.
	b. en la azucarera.

• Si me prestas tu ordenador portátil,	a. lo devuelvo antes de que te des cuenta.
	b. te lo devuelvo mañana en clase.

• Pedro y María perdieron el avión	a. pero la compañía aérea no le devolvió el billete.
	b. pero la compañía aérea no les devolvió el billete.

• A los señores Martínez	a. les llevas el pan antes del mediodía.
	b. se les llevas el pan caliente.

• A Juan	a. se le cayó un diente mientras comía una manzana.
	b. se cayó un diente comiendo una manzana.

• A mi padre	a. se le ocurrió salir de vacaciones en junio.
	b. le ocurrió que podríamos ir de vacaciones en junio.

• Mi abuelo iba por la calle y	a. se cayó.
	b. se le cayó.

B1 Elige la continuación

el juego continúa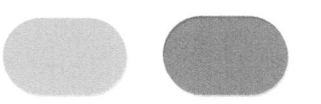

A unos amigos míos	a. les ocurrió algo misterioso cuando fueron a México.
	b. se los ocurrió algo muy divertido en México.

Mi hermano pequeño	a. se parece mucho a mi padre.
	b. le parece mucho a mi padre.

La niñera lleva a los niños a sus habitaciones y	a. los acuesta.
	b. se los acuesta.

Mi hermano va todos los sábados a la barbería a	a. afeitárselo.
	b. afeitarse.

Mi abuela es muy mayor y a menudo	a. se le olvidan las cosas.
	b. se olvidan las cosas.

Mis vecinos dejan el apartamento en el que viven y	a. lo venden muy barato. ¿Te interesa?
	b. se venden muy barato. ¿Lo quieres comprar?

• No me gusta la gente que	a. se vende por dinero.
	b. lo vende para conseguir lo que quiere.

• Si entra mucha luz por la ventana, puedes	a. cerrarla.
	b. cerrarle.

• Cuando Pedro	a. se bajaba	del autobús, tropezó y	a. le rompió una pierna.
	b. lo bajaba		b. se rompió una pierna.

• Ayer me encontré con Pedro y	a. lo noté	muy frío y distante conmigo. No sé qué	a. lo pasa.
	b. se lo noté		b. le pasa.

• No sé que	a. le pasa	a Marta, pero	a. se le nota	muy rara.
	b. se le pasa		b. la nota	

• Roberto	a. puso	el ordenador portátil encima de la mesa.
	b. se puso	

• El delantero centro	a. se tocó	la pelota con la cabeza y metió el gol.
	b. tocó	

B1 Recuerdos del colegio

- **Contenidos para trabajar:** pretérito imperfecto y pretérito indefinido
- **Nivel:** B1
- **Destinatarios:** jóvenes y adultos
- **Tipo de agrupamiento en clase:** individual y en grupo
- **Tiempo de preparación:** ninguno
- **Recursos:** fotografías
- **Duración de la actividad en clase:** 30 minutos

- **Descripción y procedimiento**

Esta actividad tiene como objetivo practicar los tiempos del pasado del indicativo a través de la expresión escrita. La actividad consiste en escribir los recuerdos que cada uno tiene de su época escolar. Cuando todos hayan escrito su texto, podemos pedirles que traigan a clase fotos de ellos mismos que resulten ilustrativas de esos años.

- **Comentarios**

Con esta actividad es posible retomar, en caso de que lo hayamos trabajado anteriormente, el léxico relacionado con el carácter *(tímido, cursi, etc.)*, la ropa, los juegos, los hábitos de los niños, etc. La actividad 4 se puede realizar en una etapa posterior, en la siguiente sesión de clase, etc.

comienza el juego

1. Lee el siguiente texto sobre los recuerdos de un niño en sus años de colegio.

> Desde esa perspectiva todo era gigantesco: un patio enorme, un edificio imponente y en contraste, una primera palabra de aliento por parte de una maestra, la sonrisa amable por parte del primer compañerito de banco. Es difícil borrar la marca que nos dejaron los primeros días de clase en nuestra memoria.

2. ¿Recuerdas cómo fueron tus primeros años en el colegio? ¿Cómo eras? ¿Abierto, tímido, travieso, llorón, empollón? ¿Qué era lo que más te gustaba hacer? ¿Eras de los callados o no parabas de hablar en clase? Lee las siguientes frases.

- Usaba gafas, me sentía horrible y todos me dejaban de lado.
- Me juntaba más con niños que con niñas. Y adoraba la serie de dibujos Pokemon.
- Solo quería jugar.
- Iba a inglés y cuando me tocaba responder en el *listening*, pedía ir al baño. A veces colaba y a veces no.
- ¡Me llamaban jirafa!
- ¡Gané el torneo de saltar a la goma!
- Pablo Peralta se olvidó la autorización para ir al museo y falsificó la firma... Puso MAMÁ.
- Me enamoré de la maestra de tercer grado.

Texto adaptado de: http://www.revistaohlala.com/nota.asp?nota_id=1241209

3. Piensa en esa época y escribe un texto ayudándote de las actividades 1 y 2.

4. Entre todos vamos a confeccionar un póster con imágenes que resuman nuestros recuerdos del colegio. ¿Eres capaz de reproducir a partir de esas imágenes los recuerdos de tus compañeros?

B1 — Mis pequeñas venganzas

- **Contenidos para trabajar:** pretérito indefinido, pretérito imperfecto y pretérito pluscuamperfecto
- **Nivel:** B1
- **Destinatarios:** jóvenes y adultos
- **Tipo de agrupamiento en clase:** individual y en grupo
- **Tiempo de preparación:** ninguno
- **Recursos:** fotocopias de la actividad
- **Duración de la actividad en clase:** 45 minutos

- **Descripción y procedimiento**

Proponemos esta actividad como instrumento para que los alumnos practiquen la utilización de tres tiempos verbales del modo indicativo en español: el pretérito indefinido, el pretérito imperfecto y el pretérito pluscuamperfecto. Se trata de que los alumnos completen adecuadamente un texto ameno con las formas de estos tiempos verbales. Una vez corregida esta primera parte, pediremos a nuestros alumnos que escriban alguna anécdota sobre pequeñas venganzas que hayan cometido. Como colofón, recogeremos los textos y cada alumno leerá en voz alta uno de ellos. Los demás intentarán descubrir quién es el autor del mismo.

comienza el juego

1. **Lee el siguiente texto.**

> "Una venganza misericordiosa es aquella que no le hace daño a la víctima y, en cambio, le otorga al que se venga una minúscula satisfacción íntima. Por eso cada vez que un camarero nos escupe una hamburguesa porque reclamamos el servicio con mal tono, o una cajera nos devuelve el cambio en infinitas monedas porque no la hemos saludado, está haciendo terapia gratis y tú prosigues tu vida como si nada".
>
> (Purificación Ran, filósofa gallega)

2. **Seguramente en alguna ocasión habrás sentido el impulso de vengarte de alguien, ¿verdad? A continuación, te presentamos las pequeñas venganzas que realizaron algunas personas. Rellena los huecos con las formas del pasado de los verbos entre paréntesis.**

> **Alejandra Buendía Pérez, Buenos Aires (Argentina)**
>
> Hace unos veinte años yo _____ (TRABAJAR) como obrera de línea en una fábrica de galletas en Buenos Aires, Argentina. Mi trabajo _____ (CONSISTIR) en echar, en los paquetes que pasaban por una cinta transportadora, un puñado de galletas redondas, uno de gallegas cuadradas y otro de galletas triangulares. El producto estaba destinado a niños y debía ser muy divertido.
>
> Cuando yo _____ (ENOJARSE) con mis jefes, y motivos no me faltaban, mi pequeña venganza consistía en tirar en un paquete –solo en uno, porque no _____ (QUERER) que me descubrieran– tres puñados de galletas de la misma forma. Cada vez que lo hacía, me _____ (SONREÍR) imaginando la cara del niño al descubrir que sus galletas _____ (SER) todas _____ iguales.

B1 — Mis pequeñas venganzas

el juego continúa

José Alcázar Sanjuán, Córdoba (España)

En una ocasión, mi abuela, que siempre trabajó de asistenta, me _____ (CONTAR) que su patrona era tan odiosa, que siempre le _____ (ESCUPIR) el café antes de llevárselo. Según mi abuela, su patrona nunca le daba días libres y la obligaba a usar un uniforme espantoso e incómodo. Era tan estricta que en varias ocasiones le _____ (DESCONTAR) dinero del sueldo porque había tardado en hacer alguna cosa. Nunca se quejó del café.

Marcela Toribio Puente, Punta del Este (Uruguay)

A mí me molesta muchísimo la falta de educación en los transportes públicos. Una vez, cuando volvía del trabajo, _____ (VENGARSE) de una señora que _____ (QUEDARSE) en medio del pasillo y no dejaba pasar a nadie. El autobús _____ (IR) hasta la bandera y mucha gente iba de pie. Yo _____ (PONERSE) detrás de ella y _____ (SUJETAR), como sin querer, algunos pelos de la mujer contra la barra del autobús a la que yo me agarraba. Cada vez que el autobús frenaba, la mujer _____ (RECIBIR) un pequeño tirón de pelos.

Patricia Badía Hernández, (España)

Cuando yo _____ (SER) estudiante _____ (TENER) una compañera de piso durante tres meses que era la persona más sucia del mundo. Siempre _____ (DEJAR) la basura abierta en medio del salón y una vez _____ (DARSE) cuenta de que ella _____ (LAVAR) las sábanas de su cama en el fregadero de la cocina. Como venganza _____ (METER) su cepillo de dientes en el váter y luego lo dejé en su sitio. Nunca se dio cuenta de lo que yo _____ (HACER).

Textos adaptados de: http://escribirparaque.blogspot.com/2008/06/las-mnimas-venganzas-annimas.html

3. Ahora tú tienes la palabra. ¿Alguna vez has sentido la necesidad de vengarte de alguien? ¿Lo hiciste? ¿Qué te había hecho? ¿Cómo fue tu venganza y cuáles fueron sus consecuencias? Escríbelo a continuación y entrégaselo a tu profesor. Entre todos debéis descubrir quién fue el autor de cada pequeña venganza.

B1 Sopa de letras: indicativo y subjuntivo

- **Contenidos para trabajar:** presente, pretérito indefinido, pretérito perfecto, pretérito imperfecto de indicativo y presente de subjuntivo con marcadores temportales
- **Nivel:** B1
- **Destinatarios:** jóvenes y adultos
- **Tipo de agrupamiento en clase:** individual
- **Tiempo de preparación:** ninguno
- **Recursos:** fotocopias de la actividad
- **Duración de la actividad en clase:** 40 minutos

- **Descripción y procedimiento**

A continuación proponemos una actividad de revisión de varios tiempos verbales: presente, pretérito indefinido, pretérito perfecto, pretérito imperfecto de indicativo y presente de subjuntivo. En un primer momento, pedimos a los alumnos que busquen en la sopa de letras todas las formas verbales que encuentren pertenecientes a esos tiempos verbales y que las anoten en la casilla correspondiente de las tablas de la actividad 2. Si es necesario, una vez finalizada esta tarea, podemos pedirles que completen todas las formas verbales de cada verbo en el tiempo indicado como repaso.

Finalizada esta fase de la actividad, pedimos a los alumnos que lean una serie de frases prestando atención al tiempo del verbo que hemos destacado en negrita y que escojan el marcador temporal adecuado en cada una de ellas.

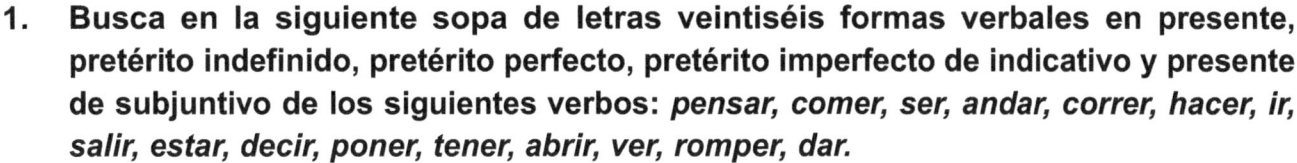

1. **Busca en la siguiente sopa de letras veintiséis formas verbales en presente, pretérito indefinido, pretérito perfecto, pretérito imperfecto de indicativo y presente de subjuntivo de los siguientes verbos:** *pensar, comer, ser, andar, correr, hacer, ir, salir, estar, decir, poner, tener, abrir, ver, romper, dar.*

B1 — Sopa de letras: indicativo y subjuntivo

el juego continúa

2. Escribe las formas verbales de la sopa de letras en las siguientes tablas.

a.

	PRESENTE DE INDICATIVO		
	Pensar	Comer	Ser
Yo			
Tú			
Él, Ella, Usted			
Nosotros/-as			
Vosotros/-as			
Ellos, Ellas, Uds.			

b.

	PRETÉRITO INDEFINIDO				
	Estar	Hacer	Poner	Tener	Decir
Yo					
Tú					
Él, Ella, Usted					
Nosotros/-as					
Vosotros/-as					
Ellos, Ellas, Uds.					

c.

	PRETÉRITO PERFECTO				
	Hacer	Poner	Romper	Ver	Abrir
Yo					
Tú					
Él, Ella, Usted					
Nosotros/-as					
Vosotros/-as					
Ellos, Ellas, Uds.					

	PRETÉRITO IMPERFECTO				
d.	Andar	Correr	Hacer	Ir	Salir
Yo					
Tú					
Él, Ella, Usted					
Nosotros/-as					
Vosotros/-as					
Ellos, Ellas, Uds.					

	PRESENTE DE SUBJUNTIVO		
e.	Dar	Correr	Ir
Yo			
Tú			
Él, Ella, Usted			
Nosotros/-as			
Vosotros/-as			
Ellos, Ellas, Uds.			

3. Lee con atención las siguientes frases y elige la opción correcta.

a. Quiero que *vas/vayas* a ver a tus abuelos.

b. *Cuando tenía quince años/este año* han abierto varias discotecas en mi ciudad.

c. Mi abuelo me dijo *hace tiempo/ahora mismo* que me llevaría al cine.

d. Mis hermanos han visto una película excelente durante el festival de cine *de este año/del año pasado*.

e. Mi padre necesita que le *ayudo/ayude* en la cocina.

f. Vosotros *nunca/durante las pasadas vacaciones* habéis hecho una comida para la familia.

g. No creo que *debas/debes* gastarte tanto dinero en ese ordenador.

h. *Este invierno/el 15 de enero de 2009* he ido a un concierto fabuloso.

i. Mi padre *tuvo/tenía* que jubilarse en 2007 a causa de una enfermedad.

j. De pequeña me *encantaba/encantó* jugar en la calle por la tarde.

B2   Cada cosa en su lugar

- **Contenidos para trabajar:** duplicación de los pronombres de objeto directo
- **Nivel:** B2
- **Destinatarios:** jóvenes y adultos
- **Tipo de agrupamiento en clase:** individual
- **Tiempo de preparación:** ninguno
- **Recursos:** fotocopias de la actividad
- **Duración de la actividad en clase:** 30 minutos

- **Descripción y procedimiento**

Se trata de una actividad que nos permite trabajar la duplicación del pronombre de objeto directo por anteposición al verbo. Creamos una situación hipotética: hemos contratado a una persona para que nos haga las cosas de casa y le damos una serie de instrucciones. Estas instrucciones carecen aparentemente de sentido. El alumno debe leer estas instrucciones e intentar escribir en una serie de cajas qué debe hacer exactamente la persona que hemos contratado con los zapatos, las plantas, las alfombras, etc.

Una vez hecho esto, debe escribir frases con las instrucciones correctas para cada cosa siguiendo un modelo que le obligará a duplicar el complemento directo con el pronombre correspondiente en cada frase.

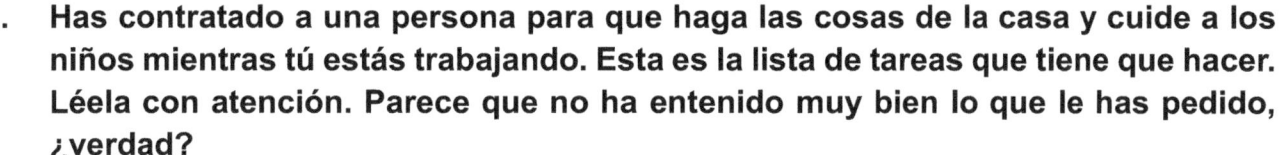

comienza el juego

1. Has contratado a una persona para que haga las cosas de la casa y cuide a los niños mientras tú estás trabajando. Esta es la lista de tareas que tiene que hacer. Léela con atención. Parece que no ha entendido muy bien lo que le has pedido, ¿verdad?

   - ✓ Planchar los zapatos, regarlos y llamarlos.
   - ✓ Despertar las camisas de Paco y sacarlas al sol.
   - ✓ Meter en la lavadora los platos del desayuno y llevarlos a la parada del autobús escolar.
   - ✓ Sacudir y llevar a la lavandería a los perros.
   - ✓ Guardar en el armario las plantas y colgarlas en las perchas.
   - ✓ Lavar con suavizante a los niños y guardarlos en los armarios de la cocina.
   - ✓ Alimentar a las alfombras, sacarlas a pasear y felicitarlas por el empleo nuevo.
   - ✓ Ir a recoger a la lavandería a la prima Rosa y limpiarla con crema.

2. Vamos a intentar ayudarla poniendo en cada una de las siguientes cajas lo que tiene que hacer con cada cosa.

LOS ZAPATOS
- Guardar en el armario
- ....

LAS PLANTAS
- ....
- ....

B2 — Cada cosa en su lugar

el juego continúa

3. Repítele ahora qué tiene que hacer punto por punto.

Por ejemplo:
▲ *Los zapatos los limpias y los guardas en el armario.*

- Las plantas: _____
_____

- Las camisas: _____
_____

- Los niños: _____
_____

- Los platos: _____
_____

- Las alfombras: _____
_____

- Los perros: _____
_____

- La prima Rosa: _____
_____

B2 — Cuéntame qué te pasó

- **Contenidos para trabajar:** uso del estilo indirecto para dar consejos
- **Nivel:** B2
- **Destinatarios:** jóvenes y adultos
- **Tipo de agrupamiento en clase:** individual y en grupo
- **Tiempo de preparación:** ninguno
- **Recursos:** fotocopias de la actividad
- **Duración de la actividad en clase:** 30 minutos

- **Descripción y procedimiento**

Con esta actividad pretendemos que los alumnos practiquen las estructuras utilizadas en español para dar consejos en estilo indirecto. En primer lugar, presentamos al alumno seis textos. Tres de ellos son problemas que sufren una serie de personas y los otros tres son los consejos de un experto para dichos problemas. El alumno debe leer los textos y relacionar cada problema con su consejo correspondiente.

En la siguiente actividad el alumno debe resumir los consejos del experto utilizando el estilo indirecto. Por último, animaremos a los alumnos a que expresen oralmente su opinión acerca de los problemas que han leído, que digan si les parecen importantes o no y si darían los mismos consejos.

comienza el juego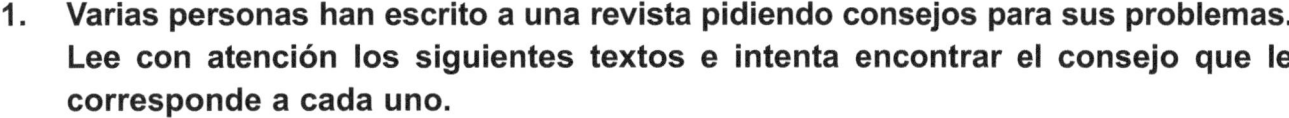

1. Varias personas han escrito a una revista pidiendo consejos para sus problemas. Lee con atención los siguientes textos e intenta encontrar el consejo que le corresponde a cada uno.

1. HAGA LO QUE HAGA, SIEMPRE FALLO.

Somos dos hermnaos gemelos en la misma situación. Desde muy niños tratamos de agradar a nuestra madre, de tenerla contenta, de caerle bien, de que nos reconozca algún mérito o valor y en los cincuenta años de nuestra vida no hemos conseguido una sola palabra de alabanza hacia nuestra persona. Hagamos lo que hagamos, siempre fallamos, siempre metemos la pata. ¿De quién es el problema? ¿Cree que hay personas así y es inútil intentar cambiarlas? ¿Cuál debe ser nuestra actitud?

Rosa y Mateo. Burgos.

A. La causa de que hayan empeorado esas relaciones sexuales no es vuestro hijo, sino el hecho de que no compartáis las tareas del hogar. Quizás no hayas caído en la cuenta de que tu esposa necesita que la ayudes en los cuidados del niño, que seas más comprensivo y que le des seguridad y tranquilidad mostrando una actitud de apoyo, comprensión y cariño por ser tan responsable. En lugar de exigirle contacto sexual de forma directa, deberías ganarte sus atenciones y deseos poniendo de tu parte un mayor tacto, ternura y delicadeza. Por favor, deja de culpar a tu esposa o a tu hijo y centra tu atención en ver qué puedes hacer para que esa relación mejore. Tu actitud de compresión y de tranquilidad es fundamental para que tu esposa recupere los deseos de una relación sexual más gratificante y frecuente. En cualquier caso, es aconsejable que acudáis a un experto para que de manera más personal y detallada estudie vuestra situación.

2. MI VIDA SEXUAL PELIGRA TRAS LA PATERNIDAD.

Tengo treinta y cinco años, soy padre de un niño de dos años y medio y desde que nació mi hijo apenas tengo vida sexual con mi esposa. Mi mujer termina el día rendida a causa del niño y siempre está nerviosa y estresada. Discutimos bastante por esta situación y comienzo a temer por nuestro matrimonio.

Juan Manuel. A Coruña.

B. Querida, procura olvidar y no lamentes más tu suerte ni busques más explicaciones. El hombre nuevo que llegue a tu vida sabrá llenarte de amor maduro y te hará olvidar la terrible pesadilla de haberte enamorado de un hombre incapaz de amar y de formar una familia. Ahora puedes pensar que la mayoría de los hombres están dominados por sus madres y sentirte recelosa con el hombre que aparezca en tu vida. Para evitar sorpresas, antes de avanzar en una nueva relación, deja bien clara tu postura.

el juego continúa

3. EL AMOR ENFERMIZO DE ALGUNAS MADRES.

Tengo treinta y cuatro años y después de tan solo uno de matrimonio, he tenido que tomar la dolorosísima decisión de separarme. Durante este tiempo me he sentido no respetada, rechazada y desamada por la persona con la que yo pretendía formar una familia y a la que no hice más que querer y cuidar. Hable, por favor, del amor enfermizo que algunas madres tienen a sus hijos varones y que propicia que cuando estos son adultos no puedan querer a otra mujer ni dejarse querer.

Silvia. León.

C. No perdáis ni un instante más ante una puerta que nunca veréis abierta e intentad vivir de la aceptación, valoración y reconocimiento de quienes sí os quieren y además os lo demuestran de palabra y obra. No hay que menospreciar a nadie y conviene dar toda clase de oportunidades a quien las merece, pero no podéis pedir peras al olmo, ni esperar reconocimiento de quien jamás da ni la hora.

Textos adaptados de: *El País Semanal*, n.º 799, 801, 802

PROBLEMA	CONSEJO

2. **Resume el contenido de los consejos del experto de *El País Semanal* utilizando el estilo indirecto. Utiliza diferentes verbos *(decir, recomedar, aconsejar,* etc.).**

   Consejo A: _____

   _____

   _____

   _____

   _____

   Consejo B: _____

   _____

   _____

   _____

   _____

   Consejo C: _____

   _____

   _____

   _____

   _____

3. **¿Qué opinas sobre estos problemas? ¿Les darías tanta importancia? ¿Tú darías los mismos consejos? Coméntalo con toda la clase.**

B2 Criptograma: las actividades de aventura

- **Contenidos para trabajar:** léxico relacionado con las actividades de aventura
- **Nivel:** B2
- **Destinatarios:** jóvenes y adultos
- **Tipo de agrupamiento en clase:** individual
- **Tiempo de preparación:** ninguno
- **Recursos:** fotocopias de la actividad
- **Duración de la actividad en clase:** 30 minutos

- **Descripción y procedimiento**

A través de esta actividad el alumno adquirirá una serie de vocabulario relacionado con las actividades de aventura.

Entregamos a los alumnos el criptograma y les pedimos que intenten descubrir qué palabra corresponde a cada una de las definiciones que les damos. Para ello, deben sustituir las cifras del criptograma por letras, teniendo en cuenta que a cifras iguales corresponden letras iguales.

comienza el juego

1. **Sustituye las cifras por letras, teniendo en cuenta que a cifras iguales corresponden letras iguales. Descubrirás quince palabras relacionadas con actividades de aventura.**

a. Cuchillo grande y fuerte que sirve para eliminar la maleza, para cortar las ramas, etc.

1	2	3	4	5	6	5

b. Tubo pequeño de plástico que se usa para inyectar medicamentos en el cuerpo.

7	5	8	9	10	11	12	9	13	13	2

c. Herramienta formada por un mango de madera y una hoja metálica ancha y fuerte que se utiliza generalmente para cortar leña.

4	2	3	4	2

d. Mordedura de un insecto o un reptil.

17	9	3	2	16	12	8	2

e. Lesión, herida o señal producidas por el fuego o el sol.

15	12	5	1	2	16	12	8	2

f. Establecimiento público donde se da comida o alojamiento a cambio de dinero y de categoría inferior a un hotel.

4	19	18	6	2	13

g. Prenda de vestir que cubre la cabeza y que generalmente está compuesta de copa y ala.

18	19	1	14	8	5	8	19

h. Lo que se usa para proteger los ojos del sol y que se sujeta en las orejas.

11	2	20	2	18		16	5		18	19	13

i. Lo que se compra para entrar en un avión, autobús, etc.

14	9	13	13	5	6	5

j. Anticipación temporal con la que sucede una cosa respecto a otra.

2	10	6	5	13	2	3	9	19	10

k. Dar o tomar alojamiento, especialmente si es de forma temporal.

4	19	18	17	5	16	2	8	18	5

l. Fuego con mucha llama, especialmente el que se hace en el suelo al aire libre.

4	19	11	12	5	8	2

m. Instrumento que sirve para orientarse en la superficie terrestre y que está formado por una aguja con las propiedades del imán, que gira libremente sobre un eje y señala siempre el Norte magnético.

14	8	12	7	12	13	2

B2 Crucigrama: los plurales

- **Contenidos para trabajar:** la formación del plural
- **Nivel:** B2
- **Destinatarios:** jóvenes y adultos
- **Tipo de agrupamiento en clase:** individual
- **Tiempo de preparación:** ninguno
- **Recursos:** fotocopias de la actividad
- **Duración de la actividad en clase:** 20 minutos

- **Descripción y procedimiento**

  Con esta actividad los alumnos entran en contacto con las normas de formación del plural de sustantivos y adjetivos terminados en *-us, -sis, -tis, -ps, -x,* en vocal tónica *-í, -ú,* en *-y* precedida de vocal, en consonante distinta de *-l, -r, -n, -d, -z, -j, -s, -x, -ch* y en grupo consonántico. Se trabaja, además, el plural de los nombres de las letras. Se trata de una actividad pensada para un nivel B2 y, por lo tanto, entendemos que los alumnos ya conocen las reglas básicas de formación del plural en español. Con esta actividad los alumnos aprenderán algunas reglas de formación del plural que todavía no conocen.

  La actividad consta de dos fases. En un primer momento, los alumnos deben realizar un crucigrama partiendo de las definiciones que les damos en cada caso. A continuación, deben completar algunas normas de formación del plural en español completando los huecos de las mismas con alguna de las palabras que han escrito en el crucigrama de la actividad anterior.

- **Comentarios**

  En español hay dos marcas para formar el plural de los sustantivos y adjetivos: *-s* y *-es*. Existe asimismo la posibilidad de que permanezcan invariables. La elección de una de estas opciones debe ajustarse a una serie de reglas. Les explicamos a los alumnos que van a conocerlas. Después de hacer el crucigrama se debe explicar el doble plural de la palabra *club: clubs* o *clubes*.

comienza el juego

1. **Completa el siguiente crucigrama según las definiciones que te damos a continuación.**

Horizontales

1. En plural, serie o secuencia de viñetas con desarollo narrativo. Libro o revista que contiene estas viñetas.
2. Normas o preceptos establecidos por la autoridad competente para regular, prohibir o mandar algo.
3. Inflamaciones de la faringe.
4. En plural, nombre de la letra situada entre la *ese* y la *u* en el abecedario.
5. En plural, prenda de vestir de punto, cerrada y con mangas, que cubre desde el cuello hasta la cintura aproximadamente.
6. En plural, sociedad fundada por un grupo de personas con intereses comunes y dedicada a actividades diferentes, principalmente recreativas, deportivas o culturales.

Verticales

1. En plural, libro en blanco cuyas hojas se llenan con fotografías, sellos u objetos similares.
6. En plural, primera letra del abecedario.
3. Estructuras en forma de cuerpo humano que se usan para probar, arreglar o exhibir prendas de ropa.
4. Los naturales de Israel.
5. En plural, masa de hielo flotante desgajada del polo que sobresale en parte de la superficie del mar.
6. En plural, carta del día donde se relacionan las comidas, postres y bebidas.

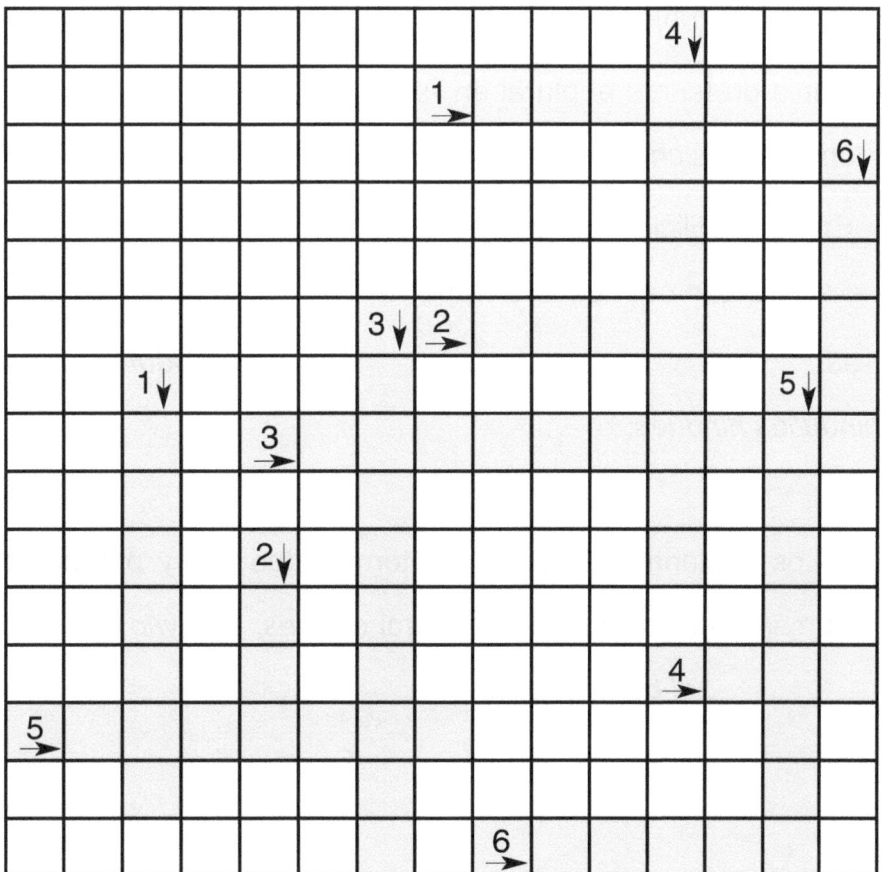

B2 Crucigrama: los plurales

el juego continúa

2. **Completa las siguientes normas de formación del plural rellenando los huecos con las palabras adecuadas del crucigrama anterior en singular y en plural.**

   a. Los sustantivos de más de una sílaba terminados en *-us*, *-sis*, *-tis*, *-ps*, *-x* son invariables: *el virus/los virus, la crisis/las crisis*, _____ / _____, *el bíceps/los bíceps, el tórax/ los tórax.*

   b. Las palabras agudas terminadas en vocal *-í, -ú* admiten plural en *-s* y en *-es:*

   • Suele preferirse el plural en *-es* en palabras como: *el tabú/los tabúes, el rubí/los rubíes*, _____ / _____

   • Suele preferirse el plural en *-s* en otras como: *el esquí/los esquís, el champú/los champús*, _____ / _____, *el bisturí/los bisturís.*

   • En los gentilicios, aunque no se consideran incorrectos los plurales en *-s*, se utilizan casi exclusivamente en la lengua culta los plurales en *-es:* _____ / _____, *el marroquí/los marroquíes, el hindú/los hindúes.*

   c. Los sustantivos y adjetivos terminados en *-y* precedida de vocal forman tradicionalmente su plural con *-es: el rey/los reyes*, _____ / _____, *el buey/los bueyes.*

d. Sin embargo, los sustantivos y adjetivos con esta misma configuración que se han incorporado al uso más recientemente (en su mayoría palabras tomadas de otras lenguas) hacen el plural en *-s*. En ese caso, la *y* del singular mantiene en plural su carácter vocálico y, por lo tanto, debe pasar a escribirse *i: el gay/ los gais*, _____ / _____, *el espray/los espráis*.

e. Los sustantivos y adjetivos terminados en consonantes distintas de *-l, -r, -n, -d, -z, -j, -s, -x, -ch* hacen el plural en *-s: el crac/los cracs, el zigzag/los zigzags, el chip/los chips*, _____ / _____. Se exceptúa en esta regla la palabra *club*, que admite dos plurales, _____ y _____. También son excepciones el arabismo *imam*, cuyo plural es *imames*, y el latinismo _____, cuyo plural es _____.

f. Los sustantivos y adjetivos terminados en grupo consonántico, procedentes de otras lenguas, forman generalmente el plural con *-s* (salvo aquellos que terminan ya en *-s*, que siguen la regla general): *el gong/los gongs*, _____ / _____, *el récord/los récords*.

g. Los nombres de vocales forman el plural en *-es:* _____ / _____, *la i/las íes, la o/las oes, la u/úes*.

h. Los nombres de otras letras forman el plural en *-s: la ka/kas, la be/las bes, la ce/las ces*, _____ / _____.

Texto adaptado de: http://figueraspacheco.com/JLG/plural.pdf

B2 Hábitos que valen un mundo

- **Contenidos para trabajar:** consejos para respetar el medio ambiente
- **Nivel:** B2
- **Destinatarios:** jóvenes y adultos
- **Tipo de agrupamiento en clase:** individual y en parejas
- **Tiempo de preparación:** ninguno
- **Recursos:** fotocopias de la actividad
- **Duración de la actividad en clase:** 45 minutos

- **Descripción y procedimiento**

El objetivo de esta actividad es que los alumnos practiquen la expresión oral a partir de un tema concreto: los hábitos para llevar una vida ecológicamente correcta.

En esta actividad el alumno podrá practicar también la expresión escrita. En primer lugar, presentamos información en forma de fichas que hacen referencia a los cuidados que debemos tener si queremos llevar una vida respetuosa con el medio ambiente. El alumno debe leerla y, a partir de ella, elaborar un cuestionario para entrevistar a un compañero y conocer sus hábitos con respecto a este tema. Puede hacer preguntas como: *¿Qué criterios sigues a la hora de comprar una lavadora u otro electrodoméstico? ¿Dejas el agua corriendo cuando friegas los platos? ¿Te lavas los dientes o te enjabonas en la ducha con el agua abierta?*

Una vez realizada la entrevista, cada alumno debe tener en cuenta las respuestas que ha obtenido y escribir un texto dándole consejos a su compañero para que lleve una vida ecológicamente correcta.

- **Comentarios**

Para la confección del texto de los consejos, sería bueno indicar a nuestros alumnos algunas estructuras para aconsejar: *tener que/deber* + infinitivo, *deberías /podrías* + infinitivo, *yo que tú /yo en tu lugar* + condicional, *por qué no* + presente de indicativo, etc.

comienza el juego

1. Queremos saber si eres una persona ecológicamente correcta. Confecciona un cuestionario a partir de la información que te damos y entrevista a tu compañero.

La lavadora

- Al comprarla, elijamos un modelo de bajo consumo (clase A).
- Pongamos la lavadora llena o utilicemos un programa de carga reducida.
- Lavemos en frío siempre que sea posible y evitemos temperaturas elevadas.
- Seleccionemos el centrifugado de menos revoluciones.
- Tendamos la ropa. ¡La secadora tiene un alto consumo energético!

Cuidemos el agua

- Al fregar los cacharros, lavarnos las manos o ducharnos, no dejemos correr el agua innecesariamente.
- Una gota por segundo es igual a treinta litros al día. ¡Arreglemos ese grifo que gotea!
- No usemos el váter como basurero.

La bolsa de plástico

- No siempre necesitamos que nos pongan nuestra compra en una bolsa.
- Una bolsa de tela puede darnos el mismo servicio durante mucho tiempo.
- Podemos reutilizarlas muchas veces. Basta acordarse de llevar una cuando salimos a comprar.

¡A reciclar!

- Separemos siempre el vidrio: seguro que hay un contenedor cerca.
- Llevemos todo el papel al contenedor azul: periódicos, revistas, cartones, etc., pero también hojas, sobres, publicidad. ¿Has pensado cuántos anuncios llegan a tu buzón en un mes?
- No juntemos el envase de la leche con el papel. Tiene plástico y aluminio.

También en el trabajo

- No malgastemos el papel.
- Apaguemos las luces y los aparatos que no se estén utilizando.
- Al terminar, asegurémosnos de que todas las luces, ordenadores, fotocopiadoras, etc., quedan apagados.
- Utilicemos caruchos de tóner reciclados.
- Reutilicemos y reciclemos el papel usado.

Las pilas

- Evitemos su uso utilizando una calculadora solar, comprando juguetes sin pilas o enchufando un aparato a la red en lugar de usarlo con pilas.
- Siempre que sea posible, compremos pilas recargables.
- Depositemos las pilas en los contenedores especiales para ello.

El ordenador

- ¿Sabías que tu ordenador tiene un programa de ahorro de energía? Las opciones de ahorro se pueden seleccionar desde el panel de control.
- Si no estamos usando la impresora, el escáner, etc., no necesitamos que estén encendidos.
- La pantalla consume mucha energía. Si tenemos que dejar el ordenador funcionando, es mejor apagarla.

Tóxicos en nuestro plato

- Lavemos bien las frutas y verduras para reducir los residuos de pesticidas.
- Evitemos envolver alimentos en plástico transparente (sobre todo los grasos) ya que absorben aditivos químicos del plástico.
- ¡Leamos las etiquetas! Así elegiremos alimentos sin conservantes ni aditivos químicos.
- Si es posible, consumamos productos biológicos, más sanos para todos.

La cocina y los recursos naturales

- ¿Sabías que la extracción del aluminio es muy contaminante y que fabricar papel de alumnio consume mucha energía?
- Usemos trapos de cocina de tela en lugar del rollo de papel.
- Guardemos la comida en la nevera en recipientes de cristal.

Texto adaptado de: http://www.alandar.org/habitos.htm

2. Elabora un texto a partir de las respuestas de tu compañero y dale consejos útiles para proteger nuestro planeta.

Por ejemplo:

▲ ¿Dejas el agua corriendo cuando friegas los platos? ¿Te lavas los dientes con el agua abierta?

B2 — Revisión imperfecta

- **Contenidos para trabajar:** pretérito imperfecto de subjuntivo
- **Nivel:** B2
- **Destinatarios:** jóvenes y adultos
- **Tipo de agrupamiento en clase:** individual
- **Tiempo de preparación:** ninguno
- **Recursos:** fotocopias de la actividad
- **Duración de la actividad en clase:** 40 minutos

- **Descripción y procedimiento**

Esta actividad busca que los alumnos practiquen la conjugación y los usos del pretérito imperfecto de subjuntivo. En primer lugar, repasamos las reglas de formación de este tiempo verbal y pedimos a nuestros alumnos que completen las formas que faltan.

Después, les pedimos que lean una serie de frases y observen los diferentes ámbitos de uso del pretérito imperfecto de subjuntivo en español. A partir de aquí, los alumnos trabajarán varias actividades más repasando las formas (sopa de letras) y el uso del pretérito imperfecto del subjuntivo.

comienza el juego

1. Completa el siguiente cuadro con las formas que faltan en cada columna.

Infinitivo	Indefinido	Imperfecto de subjuntivo	Infinitivo	Indefinido	Imperfecto de subjuntivo
Decir	dijo	dijera/dijese	**Poner**	puso	
Venir		viniera/viniese	**Tener**		tuviera/
Sentir	sintió		**Querer**		/quisiese
Medir	midió		**Poder**		/pudiese
Seguir		siguiera/	**Morir**	murió	
Pedir		/pidiese	**Estar**	estuvo	
Servir	sirvió		**Andar**		anduviera/
Herir		hiriera/hiriese	**Caer**		cayera/
Mentir	mintió		**Traer**		trajera/trajese
Huir		/huyese	**Oír**	oyó	
Contribuir	contribuyó		**Construir**		construyera/

2. Explica el uso del imperfecto de subjuntivo en las siguientes frases.

   a. Me preocupa que no tengas tiempo para venir a verme.

   En aquel entonces me preocupaba que no tuvieras tiempo para venir a verme.

   b. No hay nada que me guste en esta tienda.

   En aquella tienda no había nada que me gustase.

   c. Lo haré cuando pueda. Te lo prometo.

   Te prometí que lo haría cuando pudiera.

   d. Si quieres podemos ir al cine esta tarde.

   Si quisieras podríamos ir al cine esta tarde.

   e. Quiero pedirle un favor.

   Quisiera pedirle un favor.

B2 Revisión imperfecta

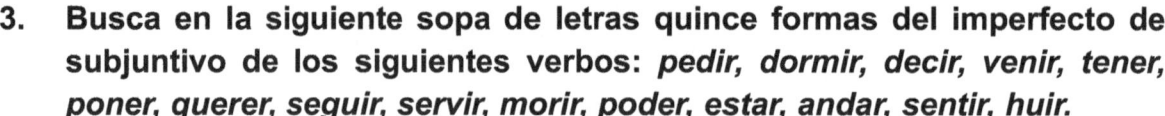

3. Busca en la siguiente sopa de letras quince formas del imperfecto de subjuntivo de los siguientes verbos: *pedir, dormir, decir, venir, tener, poner, querer, seguir, servir, morir, poder, estar, andar, sentir, huir.*

4. Completa las siguientes frases con la forma verbal adecuada de la actividad anterior.

a. Me gustaría que _____ ya la comida. Estoy hambriento.

b. Me pidió que lo despertara en cuanto _____ el despertador.

c. Lo ideal sería que _____ más temprano para ayudarme a organizar la fiesta.

d. Me parecería estupendo que _____ aquí cuando nazca mi hijo.

e. Te compré esas zapatillas para que no _____ descalzo por la casa.

f. Sería genial si todos _____ más tiempo libre.

g. Entenderíais lo que estoy explicando si _____ pusieseis un poco de atención.

h. Me encantaría que todo el mundo _____ lo que siente en cada momento.

i. Sería importante que usted _____ llegar unos minutos antes de la reunión.

j. Si me _____ para algo, os contrataría ahora mismo, pero sois unos inútiles.

k. La niñera le cantó una nana al bebé para que se _____.

l. La policía impidió que el ladrón _____ de la cárcel.

m. Los médicos actuaron rápidamente e impidieron que el paciente se _____.

n. No podría prestarte ese dinero que me pides aunque _____.

ñ. El policía me dijo que _____ por esta calle para ir al centro comercial.

5. **Lee el siguiente texto y completa los espacios en blanco con uno de los siguientes verbos que te damos a continuación.**

| sentara | fuera | pasara | visitara | pagara | cambiara | cancelara |

El año pasado llamé a una agencia de viajes para hacer una excursión a Chile. Después de hablar con el agente fui a la oficina a recoger mi boleto. Cuando revisé el itinerario me di cuenta de algunos cambios. Había pedido un asiento en el pasillo, pero el agente me recomendó que me (a) _____ en la ventanilla porque era más cómodo. Pedí que me (b) _____ de asiento. Después noté que el agente quería que (c) _____ a Iquique. Yo quería ir a Temuco. Sugirió que (d) _____ unos días en Puerto Varas. También me recomendó que (e) _____ Viña del Mar. Cuando me pidió que (f) _____ en efectivo me pareció sospechoso. En ese momento le dije que (g) _____ la reserva y decidí ir a otra agencia de viajes.

C1 Crucigrama: indicativo y subjuntivo

- **Competencias para trabajar:** tiempos verbales del indicativo y del subjuntivo
- **Nivel:** C1
- **Destinatarios:** jóvenes y adultos
- **Tipo de agrupamiento en clase:** individual
- **Tiempo de preparación:** ninguno
- **Recursos:** fotocopias de la actividad
- **Duración de la actividad en clase:** 20 minutos

- **Descripción y procedimiento**

  Esta actividad tiene como objetivo que los alumnos identifiquen diferentes formas verbales con su correspondiente tiempo verbal.

  Presentamos a los alumnos un crucigrama ya completo con verbos en indicativo y subjuntivo en el que, sin embargo, faltan las instrucciones para completarlo. El alumno debe escribir la instrucción que corresponde a cada una de las formas verbales siguiendo el modelo que le damos (por ejemplo: *hubieseis sabido = pretérito pluscuamperfecto de subjuntivo, saber, vosotros*).

comienza el juego

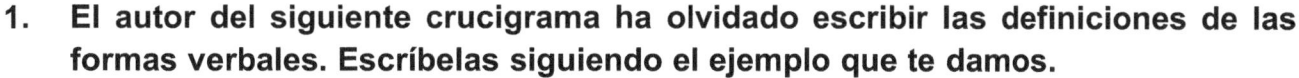

1. El autor del siguiente crucigrama ha olvidado escribir las definiciones de las formas verbales. Escríbelas siguiendo el ejemplo que te damos.

H	U	B	I	E	S	E	I	S		S	A	B	I	D	O	
				S				A			N		B			H
		H		T				L			D		A			A
		A		E		H	A	G	A		U		M			B
	I	R	A	N				A			V		O			I
		I									I		S			A
S		A				P	I	E	R	D	E	N				S
A		M									R					
L	E	O									O			H		P
D		S	U	P	E		H	A	Y	A	N		S	I	D	O
R								A						C		D
I														I		I
A								R						S		D
M			D	I	S	P	O	N	G	A	N			T		O
O								T						E		
S								O								

Horizontales

1. • Pretérito pluscuamperfecto de subjuntivo, saber, vosotros
4. • _____
5. • _____
7. • _____
9. • _____
10. • _____
14. • _____

Verticales

1. • _____
3. • _____
5. • _____
8. • _____
9. • _____
12. • _____
14. • _____
15. • _____
17. • _____

C1 — A flor de piel

- **Contenidos para trabajar:** formas de expresar incredulidad, alegría, pena, molestia y alivio.
- **Nivel:** C1
- **Destinatarios:** jóvenes y adultos
- **Tipo de agrupamiento en clase:** individual
- **Tiempo de preparación:** ninguno
- **Recursos:** fotocopias de la actividad
- **Duración de la actividad en clase:** 30 minutos

- **Descripción y procedimiento**

El objetivo de esta actividad es familiarizar a los alumnos con fórmulas para expresar sentimientos en español.

Tras una primera actividad introductoria para responder, en la que los alumnos deben opinar sobre la expresión más adecuada cuando alguien nos dice *Me han dado un ascenso*, deben organizar una serie de expresiones según el contexto en el que se utilizan:

a. Si escuchamos una noticia alegre, positiva.
b. Si escuchamos una noticia fastidiosa, triste, negativa.
c. Si queremos expresar incredulidad.

Por último, les ofrecemos una tabla con una serie de expresiones acompañadas de su significado y a continuación algunas frases que deben completar con una de estas expresiones.

- **Comentarios**

La expresión *¡Qué rabia!* se utiliza para reaccionar ante una noticia que consideramos fastidiosa, injusta o negativa. En España es habitual utilizarla, pero no en todo el mundo hispanohablante. *¡Vaya plan!* se usa también para reaccionar con tristeza o negatividad a una noticia, por ejemplo: *Mi empresa ha despedido al 70% de los empleados. ¡Vaya plan! Qué mal está la situación laboral.*

comienza el juego

1. Aquí tienes algunas expresiones habituales para expresar sentimientos. ¿Qué le responderías a tu compañero si te dijera *Me han dado un ascenso*?

   a. ¡Cuánto lo siento! **b.** ¡Qué envidia! **c.** ¡Qué le vamos a hacer! **d.** ¡Qué alegría!

2. Intenta clasificar las siguientes expresiones según su ámbito de uso.

   > ¡Qué le vamos a hacer! ¡Qué pena! ¡Genial! ¡Qué horror! ¡Cuánto me alegro! ¡Qué rabia! ¿Qué me dices? ¿De verdad? ¡Qué bien! ¡Por fin! ¡Ya era hora! ¡No me digas! ¡Cuánto lo siento! ¿De veras? ¡Qué risa! ¡Pobre! ¡Otra vez será! ¡Qué maravilla! ¡Qué mal! ¡Qué envidia! ¡No me lo puedo creer! ¡Vaya plan! ¡Quién lo diría!

   a. Si escuchamos una noticia alegre, positiva: _____.

   b. Si escuchamos una noticia fastidiosa, triste, negativa: _____.

   c. Si queremos expresar incredulidad: _____.

3. Completa las siguientes frases con alguna de las expresiones propuestas más abajo.

   a. Te han pagado 6.000 euros por esa chatarra de coche _____.

   b. Este es el mejor proyecto que ha presentado Ramírez desde que trabaja aquí _____. No me cabe la menor duda.

   c. Yo no soporto a tu madre. No puedo evitarlo _____.

   d. Ya solo me quedan dos semanas para salir de la cárcel _____.

   e. _____. No te veía desde hacía más de un año.

   f. Es tan tarde que mi mujer debe de estar hecha una fiera. Bueno, _____, ¿nos tomamos otra copa?

   g. No entiendo ni una palabra de lo que está diciendo este hombre _____.

   h. Pues no sé por qué pero a mí ese chico no me parece tonto, la verdad _____.

¡Qué quieres que te diga!	• No sabemos explicar una situación o no sabemos qué decir.
De perdidos, al río	• Expresa que una vez empezada una acción hay que aceptar todas las consecuencias y procurar llevarla a término.
¡Y que lo digas!	• Expresa asentimiento.
¡Qué quieres que le haga!	• Expresa excusa.
¡Qué más quieres!	• Da a entender que lo que alguien ha logrado es todo lo que podía desear, según su proporción y sus méritos.
¡Dichosos los ojos!	• Cuando se encuentra a una persona después de largo tiempo sin verla.
¡Qué rollo!	• Que resulta aburrido, fastidioso, largo o pesado.
¡Menos mal!	• Expresa alivio.

C1 — El arte de la conjetura

- **Contenidos para trabajar:** formas de expresar probabilidad
- **Nivel:** C1
- **Destinatarios:** jóvenes y adultos
- **Tipo de agrupamiento en clase:** individual
- **Tiempo de preparación:** ninguno
- **Recursos:** fotocopias de la actividad
- **Duración de la actividad en clase:** 45 minutos

- **Descripción y procedimiento**

  Se trata de una actividad con la que se pretende que el alumno practique la expresión de la probabilidad en español utilizando el futuro y el condicional simple.

  Presentamos a los alumnos cuatro diálogos que tienen lugar en situaciones diferentes. En todos ellos los personajes que intervienen realizan hipótesis sobre diferentes hechos y circunstancias. El alumno debe completar los huecos de cada texto con la forma adecuada de los verbos entre paréntesis sin perder de vista que se están expresando hipótesis.

- **Comentarios**

  Antes de comenzar la actividad podemos repasar con los alumnos el siguiente cuadro. La probabilidad se expresa de acuerdo a este esquema.

Probabilidad en...	se expresa con...
presente	futuro simple Por ejemplo: *estará*
pretérito perfecto	futuro compuesto Por ejemplo: *habrá estado*
pretérito imperfecto	condicional simple Por ejemplo: *estaría*
indefinido	condicional simple Por ejemplo: *estaría*
pretérito pluscuamperfecto	condicional compuesto Por ejemplo: *habría estado*

comienza el juego

1. **Completa los siguientes diálogos con la forma adecuada del verbo.**

a. Una escena común.

Juan: María, ¿por qué no hay luz en esta casa?

María: ¡Y yo qué se! _____ (OLVIDARSE, tú) de pagar la factura como todos los meses y nos la _____ (CORTAR, ellos).

Juan: ¿Pero qué dices? _____ (SER) el portero. Ahora me acuerdo que al llegar he visto que están cambiando las lámparas de los pasillos.

María: Pues sí. La _____ (CORTAR, ellos) hace un rato para evitar un accidente.

b. Dos compañeros de trabajo cuchicheando sobre por qué otro de los compañeros ha llegado todo mojado al trabajo en un día de sol abrasador.

Amalia: ¿Pero tú has visto cómo viene Felipe? ¿Qué _____ (HACER) para ponerse así? Hace un calor de morirse y viene como una sopa.

Carlos: ¡Vete tú a saber! _____ (QUEDARSE) bebiendo anoche hasta tarde en la fiesta de Juanma, _____ (LEVANTARSE) trade n esta mañana y _____ (DUCHARSE) con la ropa puesta para que el fiera del director no le eche la bronca.

Amalia: pues no me extrañaría. Últimamente hace cosas muy raras. Ayer lo vieron hablando solo mientras hacía fotocopias

Carlos: _____ (ESTAR) rezando para que su mujer no lo echara de casa. Parece que alguien le ha contado que está liado con la de recursos humanos.

C1 — El arte de la conjetura

el juego continúa

c. Un paciente y su psicoanalista.

Paciente: Doctor, usted me cree cuando le digo que esta mañana había unos hombrecillos de colores dentro de mi desayuno, ¿verdad?

Psicoanalista: Hombre, Rafael, eh... ¿No _____ (SER) restos de los cereales de colores que siempre te tomas?

Paciente: No, no. Me hablaban. ¿_____ (ESTAR, yo) loco? Usted no me _____ (CREER), claro; pero le juro que los he visto. Incluso uno de ellos se subió a la cuchara y se lanzó de nuevo de cabeza a la leche.

Psicoanalista: Mira, Rafael, tú no _____ (VOLVER) a pasarte con la medicación esta última semana, ¿verdad? Sabes de sobra el efecto que tiene que te pases en las dosis.

Paciente: Esto... eh... No, ¡qué va! ¡Qué dice! ¿Yo? Tiene usted razón, doctor, _____ (SER) restos de cereales, _____ (SOÑAR) despierto o me _____. (GASTAR) otra broma pesada la bruja de mi madre, que ni muerta me deja en paz.

d. Un interrogatorio en una comisaría de policía.

Policía: Y dice usted que venía caminando y de golpe y porrazo se encontró el cuerpo tirado en una cuneta.

Detenido: Pues sí, señor, _____ (CAMINAR) ya unos diez kilómetros cuando me encontré el cadáver en medio del camino. Al instante me pregunté qué _____ (OCURRIRLE) a aquella bella persona...

Policía: ¿Pero no ha dicho usted antes que el cuerpo estaba al borde del camino?

Detenido: ¿He dicho yo eso? No..., no señor... Bueno, no sé. _____ (SER) más o menos las nueve de la noche y ya no se veía muy bien.

Policía: Varias personas que conocían al difunto me han afirmado que ustedes no se llevaban muy bien.

Detenido: _____ (SER) ese cerdo de Juan el Sobaco, se _____ (QUERER) vengar por no haberle vendido aquel terreno junto al río. ¿No _____ (ESTAR) drogado cuando habló con usted? Me han dicho que tiene una plantación de marihuana en la parte de atrás de la casa y que por la noche sale a venderla por los alrededores. Eso es delito, ¿verdad?

Policía: No _____ (ESTAR) usted borracho, ¿verdad?

Detenido: ¿Borracho yo? Hombre, salí del trabajo y supongo que después me _____ (BEBER) unas ocho o nueve cervezas, pero todo el mundo sabe que aguanto muy bien el alcohol.

C1 — En la barra del bar

- **Contenidos para trabajar:** pronombres de objeto y relativos
- **Nivel:** C1
- **Destinatarios:** jóvenes y adultos
- **Tipo de agrupamiento en clase:** individual
- **Tiempo de preparación:** ninguno
- **Recursos:** fotocopias de la actividad
- **Duración de la actividad en clase:** 30 minutos

- **Descripción y procedimiento**

  Se trata de una actividad para realizar en clase o en casa después de haber trabajado tanto los pronombres de objeto como los relativos. El objetivo es que el alumno, una vez que se ha familiarizado con su uso, reflexione sobre la obligatoriedad o no de utilizar los primeros y sobre qué forma usar en cada caso para los segundos.

comienza el juego

1. Completa el siguiente texto. En los huecos en los que hay un número debes poner un pronombre personal de objeto (solo cuando sea imprescindible) y en los que hay una letra debes poner el relativo adecuado.

En la barra del bar

Por Arturo Pérez-Reverte

A veces, para tomarse una copa con los amigos basta abrir una carta. Es de Chema, y (1) _____ manda dos fotos del café Gregorio de Gijón: una interior, de la barra y el rincón con mesa (a) _____ me escribe, y la otra exterior, brumosa, con un blanco y negro (b) _____ difumina entre la niebla el rótulo del café, haciendo (2) _____ recordar el Rick's de Casablanca, hasta el punto de que parecen a punto de asomar por la puerta Humphrey Bogart y Claude Rains, en mitad de uno de esos diálogos de amistad que todos habríamos querido protagonizar alguna vez en nuestras vidas. Para que luego digan que ya no tiene sentido la modalidad epistolar, y que el teléfono móvil e Internet se han cepillado el encan-

C1 En la barra del bar

el juego continúa

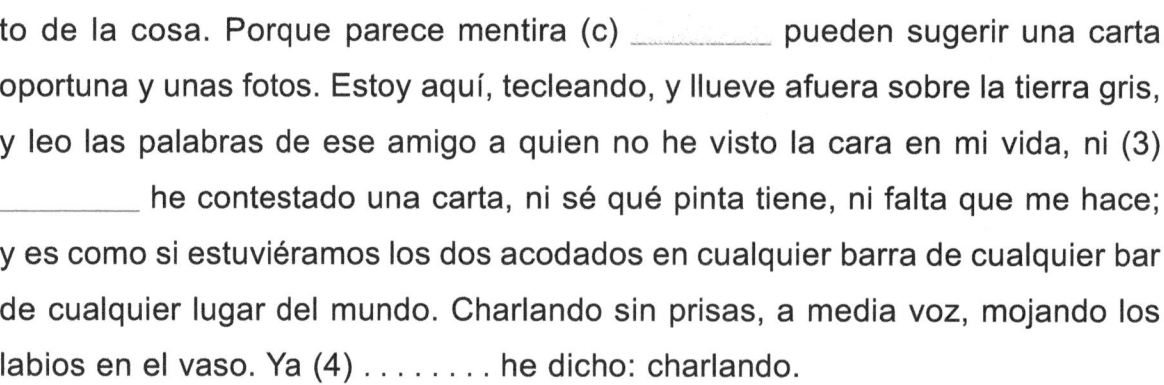

to de la cosa. Porque parece mentira (c) _____ pueden sugerir una carta oportuna y unas fotos. Estoy aquí, tecleando, y llueve afuera sobre la tierra gris, y leo las palabras de ese amigo a quien no he visto la cara en mi vida, ni (3) _____ he contestado una carta, ni sé qué pinta tiene, ni falta que me hace; y es como si estuviéramos los dos acodados en cualquier barra de cualquier bar de cualquier lugar del mundo. Charlando sin prisas, a media voz, mojando los labios en el vaso. Ya (4) .... he dicho: charlando.

Ni siquiera falta la música. Para completar la cosa y acompañar la presencia de Chema con la de otro amigo –ellos no se conocen entre sí– recurro a *La calle de la duda* de Iñakunze, del Iñaki Askunze Sextet, que (5) _____ (6) _____ mandó el otro día y ahora suena en la minicadena llenando el lugar de jazz suave; ambientando el bar (d) _____ estamos Chema, Iñaki y yo tomándonos esa copa, que en realidad puede ser cualquier otro sitio: el bar de Dani que ya no es de Dani, o el bar de Silvia, o el de Raquel, o el Muro, por volver de nuevo a Gijón, donde en este preciso instante Chema se inclina sobre la cerveza, echa un vistazo y dice que es un dolor, colega, míralas. Están todas buenas. (7) _____ contesto que sí, que siempre (8) _____ estuvieron y que ahí están, las mismas, desde hace siglos y siglos, y Chema asiente un par de veces y da unas caladas al cigarrillo –no sé si fuma, pero (9) _____ imagino dando caladas al cigarrillo– mientras a nuestro lado, tímido como tantos vascos cuando hablas de tías, y quizá para inhibirse un poco del tema, Iñaki arranca unas notas a su saxo reluciente. Notas que son una afirmación y una pregunta en esa calle de la duda (e) _____ transitamos todos los hombres desde que el mundo es mundo.

Sigue escribiendo Chema su carta, y yo sigo leyendo (10) _____, y la música de Iñaki suena en esta mañana gris que no es gris ni es mañana, sino noche cargada de humo y círculos de vasos de cerveza sobre el mostrador del bar (f) _____ estamos los tres y todos los amigos conocidos o por conocer, vivos o muertos, y que al final he decidido que sea *El Muro;* más que nada por no salir de Gijón. Y en este momento Chema está diciendo me rindo, tío, me rindo, porque siempre parecemos nosotros, pobres guiñapos en sus manos, los dignos de compasión. Todavía no (11) _____. (12) _____ explico, añade, cómo es posible una sociedad machista declarada, tan discriminatoria con la mujer, y a la vez tan pendiente y tan dependiente de ella. (13) _____ dejo decir todo eso sin interrumpir (14) _____ mientras la música de Iñaki va llenando las pausas. Porque Chema escribe, o habla, lo que sea, con muchas pausas. Algo normal, a estas horas y con tantas cervezas.

Entonces Chema apaga la colilla en el cenicero, me mira y dice lo que dice, y hasta Iñaki se calla en mitad de su tirurirará y nos observa, interesado –de Iñaki sí conozco el careto porque viene en la funda del CD–. Y lo que dice Chema, o más bien pregunta, es dónde está el fallo, colega. Dónde entonces, en qué punto extraño y misterioso del recorrido, pierde la mujer esa ventaja (g) _____ aparentemente juega desde el principio. Empieza mandando como madre, figura más respetable y creíble que la del padre. Luego todos tus pasos van en su dirección: conquistar (15) _____, complacer (16) _____, contentar (17) _____, mantener (18) _____ si puedes, aunque ella no se deje. Quieres ser el elegido, porque no olvides que eligen ellas –Iñaki, a punto de soplar de nuevo la boquilla del saxo, asiente con la cabeza–. Y sin embargo, en algún momento de la película que se me escapa –se nos escapa, le matizo– pierden su influencia y muchas pasan a ser dominadas, sin relieve, a veces casi unas parias. Tienen fecha de caducidad, resumo yo: como los yogures. Y Chema e Iñaki se miran el uno al otro, en mudo asentimiento. Luego Iñaki empieza *La trampa,* Chema me ofrece un cigarrillo y fumamos en silencio. Debe de ser duro de cojones ser tía, dice. Si te dejas, apunto. ¿Y por qué se dejan las que se dejan?, pregunta él. Esa es la gran pregunta, respondo al cabo de un rato. De cualquier modo, concluye Chema, parace que siempre son la misma, pero en realidad van pasando. Como nosotros, le digo yo. Como nosotros. La diferencia es que ellas se dan cuenta tarde, y los hombres nunca.

Texto adaptado de: *El País Semanal,* 23 de octubre de 2010

C1 — No seas animal

- **Contenidos para trabajar:** expresiones idiomáticas con nombres de animales
- **Nivel:** C1
- **Destinatarios:** jóvenes y adultos
- **Tipo de agrupamiento en clase:** individual o en parejas
- **Tiempo de preparación:** ninguno
- **Recursos:** fotocopias de la actividad
- **Duración de la actividad en clase:** 45 minutos

- **Descripción y procedimiento**

El objetivo de esta actividad es aprender palabras y expresiones relacionadas con los animales para hablar de los humanos.

En primer lugar, el alumno debe relacionar una serie de adjetivos con un nombre de animal. Se trata de caracterizar a cada animal con un adjetivo que lo describe. Por ejemplo: *los toros son fuertes, el pavo real es presumido,* etc.

En segundo lugar, el alumno dispone de varias tablas. En la columna de la izquierda hemos escrito ejemplos de uso de expresiones con nombres de animales. Por ejemplo: *Este tipo es un zorro viejo. Lleva mucho en esto*. En la columna de la izquierda aparece la definición de cada una de esas expresiones. El alumno debe relacionar correctamente los elementos de las dos columnas. *Este tipo es un zorro viejo. Lleva mucho en esto - Es una persona astuta y con experiencia.*

comienza el juego

1. Relaciona cada uno de los siguientes adjetivos con un animal.

loco	gallina
astuto	toro
lento	cabra
sucio	pavo real
testarudo	cordero
presumido	zorro
cobarde	tortuga
fuerte	mula
manso	cerdo

C1 — No seas animal

el juego continúa

2. Ahora relaciona los elementos de estas tablas para conocer el significado de algunas expresiones con animales en español.

a.

• Este tipo *es un zorro viejo*. Lleva mucho en esto.	Es un cobarde.
• Para mover el mueble llama a Jaime. *Es un toro*.	Es una persona astuta y con experiencia.
• Arturo *es un cerdo*. No se ducha y huele mal.	Es muy testarudo.
• El policía se escondió al oír los disparos. *Es un gallina*.	Presume exageradamente o hace una ostentación excesiva.
• Le repetí que no saliera con aquel tiempo pero no me hizo caso. *Es terco como una mula*.	Está loca o es una excéntrica.
• Raquel *está como una cabra*. ¡A quién se le ocurre presentarse en bikini a la reunión!	Es una persona sucia y de costumbres poco higiénicas.
• María está tan orgullosa de sus hijos, que cuando va con ellos por la calle *parece un pavo real*.	Es una persona robusta.

b.

• Marta me ha vuelto a preguntar si ya le he comprado el regalo de cumpleaños. Y ha sido la quinta vez este mañana. *Es más pesada que una vaca en brazos*.	Aparentar ser una persona de ánimo apagado pero en realidad no perder una ocasión para aprovecharse de algo o alguien.
• Pedro me irrita. No importa dónde estemos, se pasa el tiempo tocándome. *Es un pulpo*.	Tener mucho poder.
• Mi compañera de piso aprovechó que yo no estaba en casa para liarse con mi novio. Y eso que *parecía una mosquita muerta*.	Duerme mucho.
• Mi jefe gana cuatro veces más que yo, pero come bocadillos traídos de casa todos los días. *Es un rata*.	Es un tocón.
• Ten cuidado con Felipe. En cuanto pueda, te hará quedar mal delante del jefe. *Es un gusano*.	Es un tacaño.
• Mi hijo Hugo *es como un lirón*. Si no lo despierto, no va a la escuela.	Es una persona rastrera, vil y despreciable.
• Si quieres conseguir ese puesto, habla con tu tío Raúl. *Es un pez gordo*.	Es muy insistente.

c.

• El abogado de mi vecina es un *buitre*. Aprovechó que no tenía dinero para pagarle y se quedó con la casa.	Enfurecerse.
• Esa persona *es una víbora*. Habla mal de todo el mundo por la espalda.	Ser un estúpido.
• Mi jefe *se puso hecho una fiera* cuando le dije que no había terminado el informe.	Ser inteligente, muy listo, agudo, perspicaz (irónico).
• Marcos *es un merluzo*. No entiende la letra de esta canción.	Ser una persona torpe y de escasa habilidad física.
• Este *es un lince*. Aprovecha cualquier ocasión para quedar bien con el jefe.	Ser una persona con malas intenciones.
• Fernando se cae cada dos por tres. *Es un pato*.	Ser una persona que se aprovecha de la desgracia ajena.

d.

• Juan *es un perrito faldero*. Marta lo maltrata y él no se separa de ella.	Hablar mucho.
• Toño se pasa ocho horas diarias estudiando. *Es un ratón de biblioteca*.	Tener ideas absurdas o inconsistentes, ser poco maduro.
• Messi ha metido cuatros goles en un partido. *Es un fiera*.	Ser excesivamente estudioso.
• Daniel no para de hablar ni un minuto. *Es un loro/una cotorra*.	Tener muy buena memoria.
• Mi prima acaba de tener un hijo y solo piensa en salir de copas. *Tiene la cabeza llena de pájaros*.	No separarse de otra persona, ir siempre con ella de manera sumisa.
• Mi jefe y yo *nos llevamos como el perro y el gato*. Discutimos a todas horas.	Hacer algo muy bien.
• Mi mujer tiene *memoria de elefante*. Se sabe más de cien números de teléfono.	Discutir mucho, aborrecerse mutuamente.

C1 — Pase lo que pase, pasará

- **Contenidos para trabajar:** usos del verbo *pasar* con pronombre
- **Nivel:** C1
- **Destinatarios:** jóvenes y adultos
- **Tipo de agrupamiento en clase:** individual
- **Tiempo de preparación:** ninguno
- **Recursos:** fotocopias de la actividad
- **Duración de la actividad en clase:** 60 minutos

- **Descripción y procedimiento**

  Con estas actividades queremos que los alumnos se familiaricen con los diferentes usos que puede tener el verbo *pasar* en función del pronombre que lo acompañe.

comienza el juego

1. Relaciona cada uno de los verbos con su significado.

   - Pasarse
   - Pasarlo (bien/mal)
   - Pasársele

   - Divertirse o no, sufrir...
   - Desaparecer (un dolor, las ganas, un estado de ánimo...).
   - Excederse.
   - Olvidarse de hacer algo.

2. Relaciona las siguientes oraciones.

   - Te pasaste de la raya...
   - Se nos pasó llamar a María...
   - Cuando me duele la cabeza,...
   - Ayer salí hasta tarde...
   - Me puse muy triste cuando me di cuenta de...
   - Mi novio me invitó a cenar fuera y yo le dije...

   - ...para invitarla a cenar con nosotros.
   - ...que sí porque el dolor de cabeza ya se me había pasado.
   - ...diciéndole todas aquellas cosas a tu subordinado.
   - ...que se me había pasado la fecha de tu cumpleaños.
   - ...duermo un rato y el dolor se me pasa como por arte de magia.
   - ...pero no lo pasé bien.

C1 — Pase lo que pase, pasará

el juego continúa

3. Escribe las siguientes expresiones en la columna correspondiente según su significado.

> de lo lindo, de miedo, pipa, de pena, genial, bárbaro, bomba, bien, fatal

Divertirse	Divertirse o sufrir
Pasarlo	Pasarlo

4. Sustituye ahora en las siguientes frases el verbo *pasar* por otro que signifique lo mismo.

a. Que no *se os pase* hacer los deberes este fin de semana.

b. Siempre que apareces, *se me pasan* las ganas de estudiar.

c. Serra *se pasó* en el último debate electoral.

d. Siempre *lo paso de miedo* viendo El Hormiguero.

e. Los profesores *lo pasan pipa* comentando los errores de los alumnos.

f. Aquella euforia tremenda *se nos pasó* cuando nos dijeron que todo había sido una mentira.

g. Oye, *que no se te pase* traerme lo que te he pedido, ¿vale?

h. Mis hijos *lo pasan bomba* en el parque de atracciones.

i. Mi tío *lo pasó de pena* cuando se quedó sin trabajo.

5. **¿Por qué no lo hacemos al revés ahora? Vuelve a escribir las siguientes frases utilizando el verbo *pasar* con pronombre.**

   a. Creo que *me he excedido* con el vino esta noche.

   b. Si estoy muy enfadada, suelo *excederme* en los castigos que les impongo a mis hijos.

   c. Siempre *te olvidas de* hacer los ejercicios que te recomendó el médico.

   d. No me digas que *te has olvidado de* traerme de nuevo lo que te pedí.

   e. *Me divertí muchísimo* este fin de semana con mis amigos en la playa.

   f. Fui a la boda de Marta pero me dolía la cabeza un montón y *no me divertí nada*.

   g. Siempre *como demasiados* dulces cuando voy a casa de mi madre.

   h. *Me divierto muchísimo* en las librerías de segunda mano.

   i. Juan no quiere ni verme porque *me he olvidado de* su cumpleaños.

   j. *Te has excedido* con la cerveza este fin de semana.

   k. *Se me ha olvidado* pagar el mes del curso de español.

   l. *No me divertí en absoluto* en la fiesta que dio ayer Matilde.

   m. Gracias a una aspirina que me tomé antes de venir *ha desaparecido* el dolor de cabeza que tenía.

   n. Esas molestias en la espalda *se te van* con un buen masaje.

   o. Ayer *te excediste* con tu madre gritándole de aquella manera.

   p. ¿*Te has divertido mucho* esta noche con tus amigos? Pues ya puedes volver con ellos.

   q. Me emborraché porque *me excedí* con el vodka.

   r. El profesor está muy enfadado porque *nos hemos olvidado de* hacer los deberes otra vez. ¿*Nos habremos excedido* esta vez?

   s. *Sufro muchísimo* solo de pensar que tengo que ir al dentista.

C2 — Que te vaya bonito

- **Contenidos para trabajar:** la metábasis del adjetivo
- **Nivel:** C2
- **Destinatarios:** jóvenes y adultos
- **Tipo de agrupamiento en clase:** individual
- **Tiempo de preparación:** ninguno
- **Recursos:** fotocopias de la actividad
- **Duración de la actividad en clase:** 30 minutos

- **Descripción y procedimiento**

El objetivo de esta actividad es que el alumno reflexione sobre un aspecto propio del registro coloquial en nuestro idioma y, por ello, muy habitual: la metábasis o adverbialización del adjetivo.

Debemos aclarar a nuestros alumnos que se trata de un fenómeno presente tanto en el español de España como en las diversas áreas del español de América, siendo más frecuente en estas últimas.

Nuestra propuesta de trabajo incluye dos actividades. En la primera de ellas, el alumno debe sustituir el fragmento en cursiva por el adjetivo que considere adecuado, escogiendo entre los que le damos. Por ejemplo: La nueva cantante de la orquesta *canta muy bien*-La nueva cantante de la orquesta canta *bonito*.

En la segunda actividad, debe realizar el proceso a la inversa. A partir de una serie de frases, tendrá que expresar con otras palabras los fragmentos en cursiva de las mismas.

comienza el juego

1. **Utiliza algunos de los adjetivos que tienes a continuación para transformar las frases como en el ejemplo.**

   (duro, lindo, fácil, claro, lento, gordo, feo)

   Por ejemplo:
   ▲ *La nueva cantante de la orquesta canta* muy bien/*canta* bonito.

   a. Algunos equipos que juegan la Libertadores juegan *de forma muy agresiva*.

   b. La presentadora del noticiero viste *muy elegantemente*.

   c. Este conferenciante habla tan *bien* que se le entiende todo lo que dice.

   d. El perro de la vecina tenía ya muchos años y caminaba *lentamente*.

   e. Si me pongo malo, llamo al médico de la familia y viene *rápidamente*.

   f. El nuevo jefe del departamento me cae *muy mal*.

   g. En la calle tropecé con un señor que estaba parado y me miró *de forma agresiva*.

2. **Ahora vamos a hacer lo contrario. Expresa con tus propias palabras la parte en cursiva de las siguientes frases.**

   a. ¡*Que te vaya bonito* en tu viaje a Roma!

   b. Este escritor mexicano *escribe bonito*.

   c. Fuimos al boliche con Nando y Nuria y *lo pasamos estupendo*.

   d. Para este año me he propuesto comer *sano*.

   e. La niñera de Juanito ha dicho que *se ha comportado fino*.

   f. Son *harto* conocidos los beneficios de una vida sana.

   g. Algunos equipos que participan en Libertadores *juegan muy sucio*.

   h. Si *hablas bajo*, no te escucho.

C2 — Crucigrama: el cajón de sastre

- **Contenidos para trabajar:** expresiones idiomáticas, superlativo irregular y usos del indicativo y del subjuntivo
- **Nivel:** C2
- **Destinatarios:** jóvenes y adultos
- **Tipo de agrupamiento en clase:** individual
- **Tiempo de preparación:** ninguno
- **Recursos:** fotocopias de la actividad
- **Duración de la actividad en clase:** 25 minutos

- **Descripción y procedimiento**

  Con esta actividad los alumnos revisarán algunos contenidos ante los que suelen tener dificultades. No se trata, por tanto, de trabajar ningún aspecto concreto sino, más bien, de incidir en algunas cuestiones que por experiencia sabemos que debemos revisar periódicamente: la expresión de la condición, verbos de cambios, regencia preposicional, diferentes tiempos verbales, etc.

comienza el juego

1. Completa el siguiente crucigrama con las palabras que faltan en cada oración.

Horizontales

1. Mario pretende abrir un negocio y lleva en el paro dos años. Tiene la cabeza llena de _____.
2. No te habría dejado tanto dinero, _____ haber sabido que no me lo ibas a devolver.
3. Te llamaré desde el aeropuerto en cuanto _____
4. ¿Que te vas a pasar el fin de semana en la Casa Blanca? ¡_____ ya! No me lo creo.
5. Pedro y Raúl se _____ amigos cuando estudiaban en la universidad.
6. Este niño se parece mucho _____ padre.
7. Ayer hubo un pequeño terremoto, pero la mayoría de la gente no lo _____
8. Desde que se le murió su mujer Esteban se ha _____ más introvertido.

Verticales

1. Ya está Pedrito haciendo de las _____ A ver si no rompe nada esta vez.
2. Si quieres ascender en el trabajo, tienes que coger el toro por los _____ y trabajar más que nadie.
3. Si me _____ a hacer este trabajo, te invito a una cerveza más tarde.
4. Aquel señor es mucho más que pobre. Es _____.
5. Si quieres venderle la casa a ese señor, _____, pero no te arrepientas después.
6. Para el año 2050 puede que algunas personas _____ viviendo ya en la luna. Este fin de semana no podré moverme de casa. Me he traído un _____ de trabajo de casa.

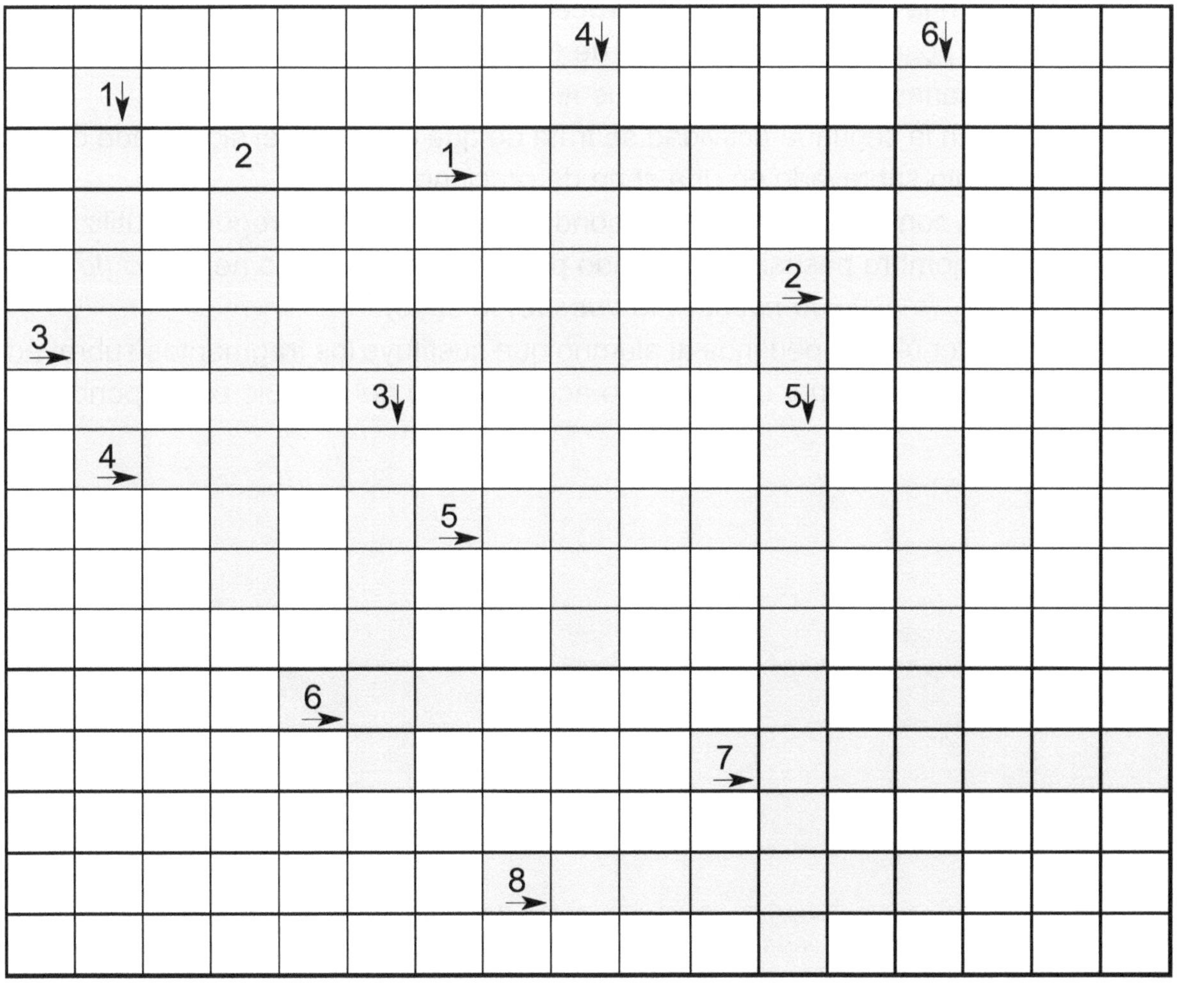

113

C2 Esta es la mía

- **Contenidos para trabajar:** expresiones con pronombres posesivos
- **Nivel:** C2
- **Destinatarios:** jóvenes y adultos
- **Tipo de agrupamiento en clase:** individual
- **Tiempo de preparación:** ninguno
- **Recursos:** fotocopias de la actividad
- **Duración de la actividad en clase:** 45 minutos

- **Descripción y procedimiento**

El objetivo de esta actividad es hacer que el alumno entienda el uso del pronombre posesivo en español acompañado de artículo y lo use correctamente. La propuesta consta de cuatro actividades. Las dos primeras tienen un carácter facilitador, mientras que las dos últimas tienen un matiz más comunicativo.

En la primera actividad ofrecemos al alumno una serie de expresiones con posesivo acompañadas de un ejemplo de uso. El alumno debe relacionarlas con la definición que les corresponda en cada caso.

En la segunda actividad se trata de que descubra el significado del fragmento subrayado en una serie de oraciones.

A continuación, debe responder a una serie de preguntas utilizando el pronombre posesivo adecuado precedido del artículo neutro lo *(lo mío, lo tuyo, lo suyo, lo nuestro, lo vuestro, lo suyo)*.

Por último, pedimos al alumno que sustituya los fragmentos subrayados en las frases por un posesivo acompañado del artículo correspondiente.

comienza el juego

1. A continuación te ofrecemos una serie de expresiones con posesivo acompañadas de un ejemplo de uso. Relaciónalas con la definición que le corresponde en cada caso.

   - Salirse con la suya:
     Se puso tan pesado que al final se salió con la suya.

   - Ir a lo suyo:
     Es una egoísta y solo va a lo suyo.

   - Ser muy suyo:
     Siempre fuiste muy tuya y tomaste las decisiones por tu cuenta.

   - Hacer de las suyas:
     Este niño siempre está haciendo de las suyas.

   - Ocuparse solo de sus asuntos.

   - Realizar una persona o animal travesuras o malas acciones que son características de él.

   - Hacer su voluntad en contra de la opinión de otros o a pesar de su oposición.

   - Ser muy independiente o tener muchas rarezas.

2. Ahora intenta descubrir qué significa el fragmento en cursiva en cada una de las siguientes oraciones.

   - María ya ha sufrido *lo suyo* con sus hijos.   Nuestras cosas

   - Cada uno que se lleve *lo suyo*.   Vuestro problema

   - *Lo tuyo* no tiene remedio.
     Mira que venir borracho otra vez al trabajo…   Sus cosas

   - Quiero que pongas *lo tuyo* en este cajón.
     Este otro es para mí.   Nuestra relación

   - *Lo nuestro* no puede seguir así.
     Tenemos que hablar.   Tus cosas

   - Dediquémonos a *lo nuestro*, que bastante tenemos.   Tu comportamiento

   - Yo no le veo solución a *lo vuestro*.   Mucho

C2 — Esta es la mía

el juego continúa

• A Marta le encanta pasar las vacaciones con *los suyos*.	Mi piso
• Nosotros hemos puesto nuestras cosas aquí. ¿Y vosotros *lo vuestro*?	Su familia
• María me ha devuelto mis libros pero no me ha traído *los suyos*.	La actividad que hace muy bien o la que le gusta
• El encargo que te ha hecho la jefa tiene *lo suyo* porque no es nada fácil encontrar esos datos.	Mi oportunidad
• Esta es *la mía*. Esta vez no se me escapa la plaza.	Vuestras cosas
• El piso de Joaquín está muy bien ubicado pero *el mío* no.	Sus libros
• *Lo suyo* es la arquitectura.	Es muy complicado de realizar

3. Responde a las siguientes preguntas utilizando *lo mío, lo tuyo, lo suyo* (dos veces), *lo nuestro, lo vuestro*.

a. ¿En qué eres realmente bueno?

_____

b. ¿Crees que he hecho bien en piropear a la vecina?

_____

c. Enrique es un poco egoísta, ¿verdad?

_____

d. Marta, ¿quieres que hablemos de nuestra relación?

e. ¿Qué opinas de la relación que tengo con este chico?

f. ¿Te parece fácil este ejercicio?

4. **Sustituye los fragmentos en cursiva de las siguientes frases por un posesivo acompañado de su artículo correspondiente.**

   a. Me voy, que me espera *mi familia* para cenar.

   b. El examen que hemos hecho *era muy difícil*.

   c. Ocúpate de *tus cosas* y no metas las narices en lo que no te importa.

   d. Quiero que hablemos de *nuestra relación*.

   e. Se ve que *lo que te gusta* son las matemáticas.

   f. Esta es *la situación ideal para conseguir lo que queremos*.

   g. Estoy convencido de que *nuestro partido* ganará estas elecciones.

   h. Yo he trabajado *mucho* en todos estos años. Me retiro.

C2 — Mano a mano

- **Contenidos para trabajar:** expresiones idiomáticas en español
- **Nivel:** C2
- **Destinatarios:** jóvenes y adultos
- **Tipo de agrupamiento en clase:** en grupos de tres o cuatro
- **Tiempo de preparación:** ninguno
- **Recursos:** Web 2.0, diccionarios en línea
- **Duración de la actividad en clase:** la que estimemos necesaria. Puede ser una actividad a realizar durante un curso entero o varias sesiones.

Descripción y procedimiento

El objetivo de esta actividad es potenciar el uso de las herramientas que nos ofrece la Web 2.0 en nuestras clases de español. Al mismo tiempo, con el fin de estimular el aprendizaje autónomo de nuestros alumnos, queremos que se acostumbren a utilizar herramientas que permiten la construcción de conocimiento colaborativo, como Google Docs, por ejemplo, herramienta que en este caso utilizaremos para la práctica de la escritura colaborativa.

El resultado de esta tarea no es otro que la confección de un diccionario de expresiones idiomáticas en español relacionadas con diferentes ámbitos: las partes del cuerpo, la religión, los toros, los animales, la ropa, etc.

Los alumnos deben escoger uno de estos ámbitos y seguir las instrucciones que les damos para la confección del diccionario. Les proponemos que usen el diccionario de la RAE en línea (http://dpd.rae.es/), pero podría ser otro que consideremos adecuado.

No se trata de crear un diccionario común. Además de la definición, los alumnos deben construir ejemplos de uso de las expresiones que vayan encontrando.

Cuando todos los grupos hayan terminado la tarea, o cuando nosotros decidamos que deben terminar, los alumnos harán una presentación en clase de su trabajo y tomarán las medidas necesarias para permitir el acceso del resto del grupo a sus trabajos en línea. De este modo, todos podrán utilizar estos recursos cuando los necesiten.

comienza el juego

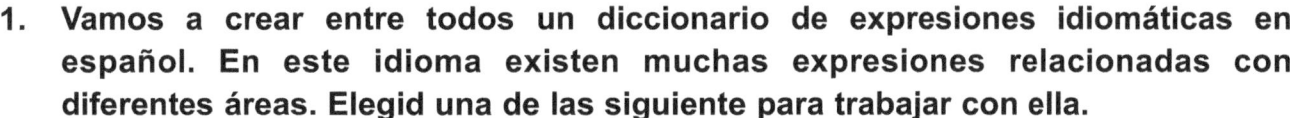

1. **Vamos a crear entre todos un diccionario de expresiones idiomáticas en español. En este idioma existen muchas expresiones relacionadas con diferentes áreas. Elegid una de las siguiente para trabajar con ella.**

   - **Partes del cuerpo** (nariz, oreja, ojo, mano, hombro…)
   - **La religión** (Dios, Pascua, Magdalena…)
   - **Los toros** (barrera, puntilla, faena…)
   - **Los animales** (pato, gallina, perro, ratón, oveja…)
   - **La ropa** (bolsillo, manga, cuello, camisa, braga…)

2. **En grupos, seguid los siguientes pasos.**

   a. Si no tenéis cuenta de correo electrónico en Gmail, cread una.

   b. Cread un documento en Google Docs y añadid los correos electrónicos de los compañeros del grupo para que todos tengáis acceso al mismo.

   c. Buscad una palabra del ámbito que habéis elegido en el diccionario y anotad las expresiones idiomáticas en las que aparece y su significado.

   d. Ahora cread un contexto de uso lo más ilustrativo posible para cada una de esas expresiones. Puede ser una imagen, una anécdota, una historia, una noticia, etc.

   Por ejemplo:

   Ver las orejas al lobo: hallarse en gran riesgo o peligro próximo.

   La última vez que le vi las orejas al lobo fue cuando estaba estudiando inglés en Cultura Inglesa. Resulta que yo casi no iba a clase y, claro, ni estudiaba ni hacía los deberes ni nada. Cuando llegaron los exámenes, mi padre me dijo que si no aprobaba el inglés, me quedaría todo el verano en casa con la asistenta mientras ellos se lo pasaban pipa en la playa. Me puse a estudiar como una loca y saqué un ocho. ¡Menos mal!

   e. Cuando hayáis terminado, mostrad vuestro trabajo a la clase y permitid el acceso en línea a vuestros compañeros.

C2 — Economía y finanzas

- **Contenidos para trabajar:** léxico relacionado con la economía y las finanzas
- **Nivel:** C2
- **Destinatarios:** adultos
- **Tipo de agrupamiento en clase:** individual
- **Tiempo de preparación:** ninguno
- **Recursos:** fotocopias de la actividad
- **Duración de la actividad en clase:** 25 minutos

- **Descripción y procedimiento**

  Con esta actividad pretendemos que el alumno se familiarice con algunos términos frecuentes que aparecen en textos sobre economía y finanzas: *futuros, cotizaciones, alza*, etc. El alumno debe leer el texto y relacionar cada una de las palabras que hemos destacado en negrita con la definición que le corresponde en un cuadro.

comienza el juego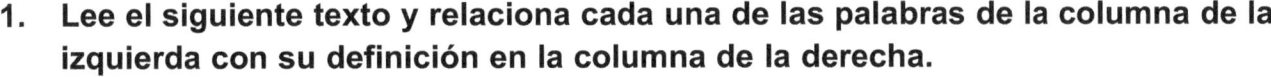

1. **Lee el siguiente texto y relaciona cada una de las palabras de la columna de la izquierda con su definición en la columna de la derecha.**

"Bajas en Chicago para la soja y el trigo. La subida del dólar afectó los precios"

Los **futuros** de soja y trigo en los Estados Unidos cayeron ayer presionados por la fortaleza del dólar, que encarece las materias primas norteamericanas para importadores, **en tanto que** el maíz tuvo un cierre positivo.

La moneda estadounidense subió más de un 1% frente a una canasta de monedas, mientras que el euro tuvo el **derrumbe** más importante en diez meses (quedó a 1,3329 dólares), después de que la agencia Fitch Ratings rebajara la calificación crediticia de Portugal y profundizara las **dudas** sobre la economía de la zona euro.

Otro factor de presión fue la versión acerca del levantamiento del bloqueo a dos puertos cerealeros en la Argentina, aunque luego se informó de que la medida de fuerza continuaba.

Respecto a las cotizaciones, en las pizarras los contratos de soja para entrega en mayo y julio en los Estados Unidos bajaron 2,94 y 2,98 dólares por tonelada, respectivamente, al cerrar sus cotizaciones en 352,74 y 355,46 dólares.

En tanto, el trigo con entrega en mayo perdió 28 centavos de dólar por tonelada, al cotizarse en 174,90 dólares por tonelada.

El maíz cerró en **alza** por coberturas de posiciones vendidas. La pizarra para mayo quedó en 143,69 dólares, con una mejora de 88 centavos de dólar por tonelada.

Texto adaptado de: http://www.lanacion.com.ar/1246984-bajas-en-chicago-para-la-soja-y-el-trigo

a. Futuros	Mientras que: *La prima de riesgo no bajará _____ los mercados no se estabilicen.*
b. En tanto que	En la bolsa, publicación del precio de un valor o de una acción: *El rumor de quiebra ha hecho descender la _____ de las acciones de esta empresa.*
c. Derrumbe	Elevación, subida o movimiento ascendente: *Solo se producirá un _____ en la economía si crece la confianza entre los inversores.*
d. Duda	En economía, bienes que se comercian en un contrato, cuyo precio y transacción quedan fijados para una fecha posterior a la de la firma de dicho contrato: *Los contratos de _____ son característicos de los mercados de divisas, acciones y materias primas.*
e. Cotización	Hundimiento de una construcción: *El _____ del muro principal retrasó la terminación del edificio.*
f. Alza	Desconfianza o sospecha: *Existen serias _____ sobre su inocencia en este asunto.*

C2 — O firmaba la baja o no había contrato

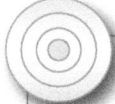

- **Contenidos para trabajar:** léxico relacionado con el trabajo y el derecho
- **Nivel:** C2
- **Destinatarios:** adultos
- **Tipo de agrupamiento en clase:** individual
- **Tiempo de preparación:** ninguno
- **Recursos:** fotocopias de la actividad
- **Duración de la actividad en clase:** 40 minutos

- **Descripción y procedimiento**

Con esta actividad pretendemos que el alumno se familiarice con una serie de términos pertenecientes al léxico del trabajo y del derecho. Además, la actividad facilita la toma de contacto con el contraste entre el registro formal y el coloquial. En primer lugar, presentamos dos tablas con palabras pertenecientes a los ámbitos mencionados (el trabajo y el derecho). El alumno debe relacionar adecuadamente los elementos de las dos columnas que las forman. A continuación, lee el texto y comprueba sus respuestas.

En el resto de actividades, continúa trabajando el vocabulario del texto tanto en el registro formal como en el coloquial.

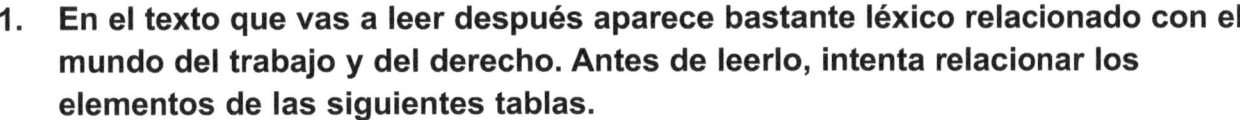

comienza el juego

1. En el texto que vas a leer después aparece bastante léxico relacionado con el mundo del trabajo y del derecho. Antes de leerlo, intenta relacionar los elementos de las siguientes tablas.

Léxico del mundo del trabajo		Léxico del mundo del derecho	
a. periodo...	...temporal, indefinido	**a.** presentar...	...a paro, a cobrar
b. mercado...	...de prueba, de prácticas	**b.** llevar...	...de conciliación
c. contratar...	...improcedente	**c.** fallar...	...una queja
d. contrato...	...promocional	**d.** acto...	...del juicio
e. despedir...	...laboral	**e.** costas...	...a juicio
f. despido...	...un contrato, una baja	**f.** prácticas...	...fraudulentas
g. firmar...	...a alguien	**g.** derecho...	...a favor
h. campaña...	...a una persona, un servicio	**h.** derechos...	...por despido
		i. indemnización...	...y deberes laborales

2. Lee el siguiente texto.

Los jóvenes son **carne de cañón** en el mercado laboral. Hace un año, Álvaro Miret, de veinticuatro años, trabajaba de **comercial** en su Cádiz natal. Un día, sus jefes le anunciaron que la **campaña promocional** en la que trabajaba se acababa y con ella su **contrato por obra y servicio.** Le dijeron también que comenzaba un nuevo proyecto para el que podrían volver a **contratarle.** Con una condición: que **firmara** un documento de **baja voluntaria** con fecha de dos meses más tarde. "O firmaba la baja o no había contrato. Y si no firmaba, no me dejaban ni siquiera ver el nuevo contrato", explica Miret, que recibió esta propuesta a la vez que una decena de compañeros (uno de ellos grabó todo en el móvil). "Supongo que la idea era **despedirnos** si no funcionábamos bien en la nueva campaña", cuenta. "Tuve la sensación de que iban a jugar dos meses conmigo".

Álvaro firmó el pasado 30 de marzo. El 25 de mayo fue despedido. ¿Cómo? **"Por las buenas** o **por las malas.** Por las buenas me despedían de forma improcedente haciéndome firmar que había recibido la **indemnización por despido** –pero sin haberla recibido– y que me daba derecho a **tener paro.** Por las malas me despedían usando la baja voluntaria que ya había firmado, y me quedaba **sin derecho a paro".** Miret, que tiene un hijo de un año, eligió ir "por las buenas".

Más tarde denunció para que se le reconociera el **derecho a cobrar** la indemnización por **despido improcedente** y **llevó a juicio** a la empresa, Salesland. Pero el Juzgado de lo Social número 3 de Cádiz **falló a favor** de la empresa, puesto que él había firmado el documento que acreditaba haber cobrado

123

C2 — O firmaba la baja no había contrato

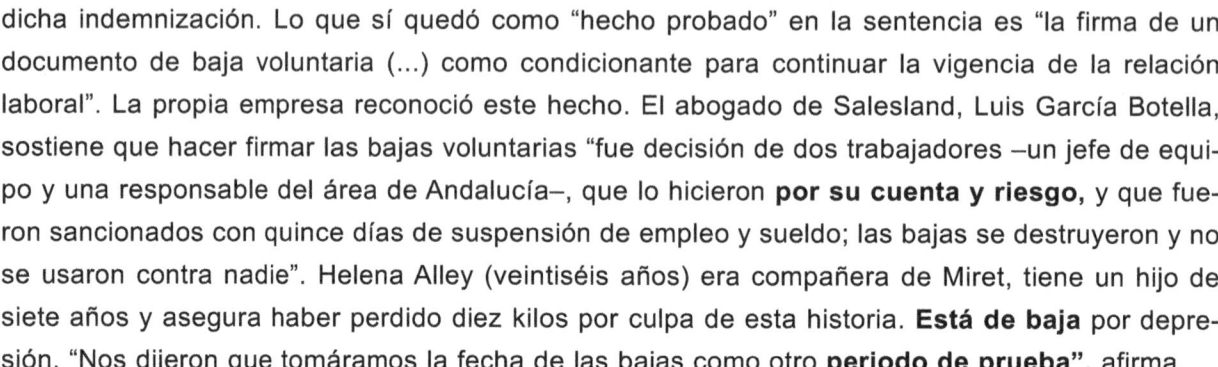

el juego continúa

dicha indemnización. Lo que sí quedó como "hecho probado" en la sentencia es "la firma de un documento de baja voluntaria (...) como condicionante para continuar la vigencia de la relación laboral". La propia empresa reconoció este hecho. El abogado de Salesland, Luis García Botella, sostiene que hacer firmar las bajas voluntarias "fue decisión de dos trabajadores –un jefe de equipo y una responsable del área de Andalucía–, que lo hicieron **por su cuenta y riesgo,** y que fueron sancionados con quince días de suspensión de empleo y sueldo; las bajas se destruyeron y no se usaron contra nadie". Helena Alley (veintiséis años) era compañera de Miret, tiene un hijo de siete años y asegura haber perdido diez kilos por culpa de esta historia. **Está de baja** por depresión. "Nos dijeron que tomáramos la fecha de las bajas como otro **periodo de prueba",** afirma.

Hacer firmar bajas voluntarias que luego servirán para coaccionar ante un despido. Hacer repetir los **periodos de prácticas** a trabajadores que ya han superado el suyo. Encadenar **contratos temporales** desarrollando siempre la misma tarea... Prácticas abusivas que los expertos consultados califican de "muy frecuentes" en el **mercado laboral** actual, aunque hay poca información sobre ellos. "No se recogen datos sistemáticamente de estas irregularidades en gente joven y las bajas voluntarias proliferan como otros abusos que vemos a diario", dice Julio Fernández, Director de la Escuela Profesional de Relaciones Laborales de la Universidad Complutense de Madrid.

El caso de las bajas voluntarias es "bastante frecuente", según María de Sande, Coordinadora del área de Derecho del Trabajo en la Universidad Autónoma de Madrid: "El problema es que son muy difíciles de controlar porque, cuando la persona ha firmado el **finiquito,** es difícil probar que haya habido **coacción".**

No son problemas nuevos, pero sí se han visto agudizados por la crisis, "porque ahora aguantamos más", explica De Sande. "Se es tan consciente de la debilidad frente a la empresa al negociar un contrato, que es más difícil hacerse valer", matiza.

De esa debilidad sabe más de lo que quisiera Carlos (nombre supuesto), murciano de veintiocho años. De los cuatro meses que trabajó para una clínica dental en Valencia asegura no haber cobrado ni uno. Le deben 5.000 euros. "Los responsables me enviaron una carta que decía que la empresa tenía problemas, pero que cobraría. Mentían, porque luego supe que una carta igual se la enviaron a un amigo mío que trabajó allí dos años antes", afirma. Para Carlos es un abuso asociado a la juventud: **"Cogen a gente que acaba de salir de la universidad,** la más vulnerable; en el tiempo que estuve allí no conocí a nadie mayor de treinta años". Cuenta con impotencia que denunció por lo Social, "pero ni siquiera se presentaron al **acto de conciliación".** Entonces abrió un grupo en Facebook para contactar con otras personas en su situación y la empresa le denunció: "No solo no me pagan, sino que a lo mejor tengo que pagar una multa y las **costas del juicio".**

El encadenamiento de contratos temporales es una de las **prácticas fraudulentas** más frecuentes. "Los contratos temporales se encadenan para que la persona haga la misma tarea pero sin tener un **contrato indefinido**", apunta De Sande. Lo mismo ocurre con los periodos de prueba.

El abuso del **contrato en prácticas,** puerta por excelencia al mercado laboral, hace que los jóvenes permanezcan ligados a las aulas por razones ajenas a la formación: "Se les pide que prorroguen sus estudios con cualquier posgrado para que conste como una práctica educativa", señala Fernández. De Sande coincide con él en resaltar la figura del "falso **becario**": "El que realiza labores que redundan en beneficio de la empresa más que en su formación, pero como tiene expectativas de ser contratado, no protesta".

Los expertos destacan el desconocimiento de los jóvenes en cuanto a **derechos y deberes laboraleas,** así como la poca credibilidad que ven en los sindicatos. "Los sindicatos serían la vía más directa para encontrar respaldo, pero el escaso conocimiento de estos mecanismos y el comportamiento resignado –tienden a creer que si tienen un problema es porque han caído en el sitio **chungo** y hay que ir a otro– hace que no se combatan las prácticas abusivas como se podría", dice Fernández. "La gente joven tiene más confianza en resolver un problema de consumo **presentando una queja** que en solucionar uno laboral con una denuncia".

Texto adaptado de: *El País*, 7 de octubre de 2010

3. **Relaciona las siguientes locuciones adverbiales con su significado.**

   - Por las buenas
   - Por las malas
   - Por cuenta y riesgo de alguien
   - Por cuenta propia o bajo su responsabilidad
   - De grado, voluntariamente
   - Contra la propia voluntad

4. **En el texto se entremezcla el registro formal y el coloquial. Vamos a trabajar un poco sobre este último. Busca en el diccionario de la RAE el significado de las siguientes expresiones, utilizadas por la autora del texto.**

   a. Carne de cañón:
   b. Chungo:

5. **Vuelve a escribir las siguientes frases cambiando las palabras en cursiva al registro formal.**

   a. (Álvaro): Me daba derecho a *tener paro*.
   b. (Carlos): *Cogen* a gente que acaba de *salir de la universidad*.

6. **Escribe una definición para cada una de estas palabras y comprueba con el diccionario o tus compañeros si has entendido bien su significado.**

   a. Comercial
   b. Baja (voluntaria)
   c. Coacción
   d. Becario
   e. Finiquito
   f. Baja (temporal)